国家中等职业教育改革发展示范学校建设项目成果
国家中等职业教育改革发展示范学校建设系列教材

公路工程试验检测
实训手册

主　编　王新宇
主　审　黄　霞　朱博明

西南交通大学出版社
·成　都·

```
图书在版编目（CIP）数据

公路工程试验检测实训手册 / 王新宇主编. —成都：
西南交通大学出版社，2014.4（2020.8 重印）
国家中等职业教育改革发展示范学校建设系列教材
ISBN 978-7-5643-3011-8

Ⅰ. ①公… Ⅱ. ①王… Ⅲ. ①道路工程－试验－中等
专业学校－教学参考资料②道路工程－检测－中等专业学
校－教学参考资料 Ⅳ. ①U41

中国版本图书馆 CIP 数据核字（2014）第 067692 号
```

国家中等职业教育改革发展示范学校建设项目成果
国家中等职业教育改革发展示范学校建设系列教材

公路工程试验检测实训手册

王新宇　主编

责 任 编 辑	杨　勇
助 理 编 辑	胡晗欣
特 邀 编 辑	柳堰龙
封 面 设 计	墨创文化
出 版 发 行	西南交通大学出版社 （四川省成都市二环路北一段 111 号 西南交通大学创新大厦 21 楼）
发行部电话	028-87600564　028-87600533
邮 政 编 码	610031
网　　　址	http://www.xnjdcbs.com
印　　　刷	成都蓉军广告印务有限责任公司
成 品 尺 寸	185 mm×260 mm
印　　　张	13.75
字　　　数	339 千字
版　　　次	2014 年 4 月第 1 版
印　　　次	2020 年 8 月第 4 次
书　　　号	ISBN 978-7-5643-3011-8
定　　　价	29.80 元

图书如有印装质量问题　本社负责退换
版权所有　盗版必究　举报电话：028-87600562

四川交通运输职业学校
国家中等职业教育改革发展示范学校建设
系列教材编写委员会

主　任　李　青

副主任　周　萍　　刘有星　　黄　霞

委　员　（排名不分先后）

　　　　　朱博明　　张秀娟　　王新宇　　刘新江

　　　　　柏令勇　　张定国　　夏宇阳　　周永春

　　　　　陈　辉　　钟　声　　杨　萍　　熊　瑛

　　　　　陈勃西　　黄仕利　　袁　田　　杨二杰

　　　　　晏大蓉（四川兴蜀公路建设发展有限责任公司）

　　　　　钟建国（四川省国盛汽车销售服务有限责任公司）

　　　　　杜　华（四川省杜臣物流有限公司）

　　　　　冯克敏（成都市新筑路桥机械股份有限公司）

总 序

中等职业教育是我国教育体系的重要组织部分,是全面提高国民素质、增强民族产业发展实力、提升国家核心竞争力、构建和谐社会以及建设人力资源强国的基础性工程。为大力推进中等职业教育改革创新,全面提高办学质量,2010—2013 年,国家组织实施中等职业教育改革发展示范学校建设计划,中央财政重点支持 1 000 所中等职业学校改革创新,我校是第二批示范校建设单位之一。在近两年的示范建设过程中,我们与西南交通大学出版社合作开发了 28 本示范建设教材,且有 17 本即将公开出版,这是我校示范校建设取得的重要成果,也是弘扬学校特色和品牌的很好载体。

呈现在大家面前的这套系列教材,反映了我校近年教学科研工作的阶段性成果。从课程来源看,不仅有学校 4 个重点建设专业(道路与桥梁工程施工专业、汽车运用与维修专业、物流服务与管理专业、工程机械运用与维修专业)的课程,也有公共基础课程;从教材形态看,又可以分为两类:一是以知识性内容为主、兼顾实践性活动、培养学生综合素质的理实一体化教材;二是以学生实践为主的实训操作手册。教材的编写过程倾注了编者大量的心血,融入了作者独到的见解和心得,更是各专业科室集体智慧的结晶。

这套教材的开发,在学生学习状态分析的基础上,根据技能型人才培养的实际需要,积极实现职业岗位与专业教学的有机结合。这 17 本教材比较准确地把握了专业课程的特征,具备了一定的理论水平,突出了实践性、活动性,符合新课程理念,对我校课程建设将会产生深远的影响,对学生全面健康成长也会产生积极的作用,对创新中职学校人才培养模式与课程体系改革将起到引领和示范作用。

在内容上,这套教材有如下特点:一是对于基础知识教学以"必需、够用"为度,以讲清概念、强化应用为教学重点。二是根据职业岗位需求,基于工作过程为线索来组织写作思路。三是方法具体,基本技能可操作性强。四是表达简洁,图文并茂,形式生动活泼,学生易于理解、掌握和实践。

由于时间紧迫,编者理论和实践能力水平有限,书中难免存在一些不足和缺点,需要进一步修改、完善和充实。我们希望老师和同学们提出宝贵意见,希望读者和专家给予帮助指导,使之日臻完善!

四川交通运输职业学校
国家中等职业教育改革发展示范学校建设
系列教材编写委员会
2014 年 2 月

前　言

从 2005 年 9 月开始，四川交通运输职业学校启动了道路与桥梁工程施工专业一体化模块式教学改革探索。模块式一体化教学模式是"基于职业岗位需求"，在充分体现四川及西部交通建设特点的基础上，以人为本、分类教学、因材施教，充分调动学生的积极性、主动性和创造性，使学习贴近生产，缩短职业教育导向与就业技能需求的差距。教学内容突出技能操作，有较强针对性和实用性，强化了实践性教学环节，努力实现教学改革提出的培养目标，加大学生动手操作能力的培养。这种新的教学模式因其充分尊重学生的学习自主权，强化学生动手能力，使得学生学习目的明确，学习过程轻松愉快，显著提高了学生学习的主动性和积极性，学生职业技能较之以前有了明显改善，受到用人单位好评。

在实施模块式一体化教学模式的过程中，教材建设一直是我们探索的重点。我们先后完成了《公路工程试验检测实训手册》《公路工程测量实训手册》《公路工程基础》等校本教材的编写。2012 年 6 月，道路与桥梁工程施工专业成为国家中等职业教育改革发展示范学校重点建设专业，项目组依据建设方案和任务书，重新组织对上述三本教材进行了改编。

本书是根据试验模块教学实施方案编写的，适用于学习公路建筑材料及公路工程现场测试技术的各类学生。本书内容既注重试验检测基础技能训练，又兼顾现代检测技术在道路桥梁中的应用。

本书由四川交通职业学校土木试验中心教师王新宇、李必强、陈礼忠、宋艳、林丽舒负责编写。其中，王新宇编写模块一、试验四十四、试验四十五、试验四十九、试验五十；陈礼忠编写模块二；李必强编写模块三、试验四十八；林丽舒编写模块四、模块六；宋艳编写模块五、试验四十二、试验四十三、试验四十六、试验四十七。全书由黄霞、朱博明主审。

由于编者水平有限，书中疏漏在所难免，恳请读者批评指正。

编　者

2014 年 1 月

目 录

模块一　土工试验 ·· 1
　试验一　含水率（量）试验（烘干法） ··· 1
　试验二　颗粒分析试验（筛分法） ·· 4
　试验三　液限、塑限试验 ·· 8
　试验四　标准击实试验 ··· 12
　试验五　承载比（CBR）试验 ·· 16

模块二　集料试验 ·· 23
　试验六　细集料的筛析试验 ·· 23
　试验七　细集料表观密度试验 ··· 27
　试验八　细集料堆积密度试验 ··· 30
　试验九　细集料含泥量试验（筛洗法） ··· 32
　试验十　粗集料密度及吸水率试验（网篮法） ··· 35
　试验十一　粗集料堆积密度及空隙率试验 ··· 39
　试验十二　粗集料针、片状颗粒含量试验（规准仪法） ·· 43
　试验十三　粗集料压碎指标值试验 ··· 46
　试验十四　粗集料磨耗率试验 ··· 49
　试验十五　粗集料筛分试验 ·· 52

模块三　水泥混凝土和砂浆试验 ··· 57
　试验十六　水泥混凝土拌和物稠度试验（坍落度仪法） ·· 57
　试验十七　水泥混凝土拌和物表观密度试验 ·· 60
　试验十八　水泥混凝土立方体抗压强度试验 ·· 63
　试验十九　水泥混凝土抗弯拉强度试验 ·· 66
　试验二十　水泥砂浆稠度试验 ··· 69
　试验二十一　水泥砂浆立方体抗压强度试验 ·· 71

模块四　无机胶凝材料、无机结合料稳定材料试验 ······························ 74
　试验二十二　石灰有效氧化钙和氧化镁含量简易测定试验 ·· 74
　试验二十三　水泥细度检验方法（80 μm 筛筛析法） ·· 78
　试验二十四　水泥标准稠度用水量、凝结时间、安定性检验试验 ·· 81
　试验二十五　水泥胶砂强度检验试验（ISO 法） ··· 86

试验二十六　水泥或石灰稳定材料中水泥或石灰剂量测定试验（EDTA滴定法）……91

　　试验二十七　无机结合料稳定材料无侧限抗压强度试验……96

模块五　沥青及沥青混合料试验……100

　　试验二十八　沥青试样准备方法……100

　　试验二十九　沥青密度与相对密度试验……103

　　试验三十　沥青针入度试验……108

　　试验三十一　沥青延度试验……112

　　试验三十二　沥青软化点试验……115

　　试验三十三　沥青与粗集料的黏附性试验……118

　　试验三十四　沥青混合料试件制作方法……122

　　试验三十五　压实沥青混合料密度试验（表干法）（包括水中重法）……127

　　试验三十六　沥青混合料马歇尔稳定度试验……134

　　试验三十七　沥青混合料理论最大相对密度试验（真空法）……139

　　试验三十八　沥青混合料车辙试验……144

　　试验三十九　沥青混合料中沥青含量试验（离心分离法）……148

模块六　钢筋试验……153

　　试验四十　钢筋的拉伸试验……153

　　试验四十一　钢筋的冷弯试验……158

模块七　现场检测……161

　　试验四十二　3米直尺测定平整度试验……161

　　试验四十三　手工铺砂法测定路面构造深度试验方法……165

　　试验四十四　环刀法测定压实度……168

　　试验四十五　挖坑灌砂法测定压实度……172

　　试验四十六　摆式仪测定路面摩擦系数试验……177

　　试验四十七　沥青路面渗水系数测定试验……181

　　试验四十八　回弹仪法测定水泥混凝土强度试验……185

　　试验四十九　动力触探（轻、重型、特重型）试验……191

　　试验五十　贝克曼梁测定路基路面回弹弯沉试验……197

附录……165

　　附录1　试验须知……203

　　附录2　公路工程试验检测标准、规范、规程现行参考目录……204

　　附录3　工程材料技术指标……207

模块一　土工试验

试验一　含水率（量）试验（烘干法）

一、目的和适用范围

土的含水率是试样在 105～110 ℃下烘至恒量时所失去的水质量和干土质量的比值，用百分比表示。含水率是土的基本物理性质指标之一，它是计算土的干密度、孔隙比、饱和度等的必要指标，亦是检测土工构筑物施工质量的重要指标。

目前国内外测定含水率的方法有多种。但能确保质量，操作简便又能符合含水率定义的试验方法仍以烘干法为主。故本试验仅介绍这一方法。

本试验方法适用于黏性土、砂性土和有机质土类。

二、仪具与材料

（1）烘箱：可采用电热烘箱温度能保持 105～110 ℃ 的其他能源烘箱，也可用红外线烘箱。

（2）电子天平：称量 200 g，感量 0.01 g；称量 1 000 g，感量 0.1 g。

（3）其他：干燥器、称量盒等。

三、操作步骤

（1）取具有代表性试样，细粒土为 15～30 g，砂性土、有机质土为 50 g，砂砾石为 1～2 kg，放入称量盒内。盖上盒盖，称湿土质量，精确至 0.01 g。

（2）打开盒盖，将盒置于烘箱内，在 105～110 ℃ 的恒温下烘干。烘干时间对细粒土不得少于 8 h，对砂性土不得少于 6 h。对含有机质超过 5% 的土，应将温度控制在 60～70 ℃ 的恒温下烘干。

（3）将称量盒从烘箱中取出，盖上盒盖，放入干燥容器内冷却至室温，称干土质量，精确至 0.01 g。

四、结果整理

（1）试样的含水率，应按式（1.1）计算，精确至0.1%。

$$\omega_0 = \left(\frac{m_0}{m_d} - 1\right) \times 100 \qquad (1.1)$$

式中　ω_0——土的含水率，%；

m_0——试样湿质量，g；

m_d——试样干质量，g。

（2）含水率试验应进行两次平行测定，取其算术平均值。两次测定的差值，当含水率小于5%时不得大于1%；当含水率小于40%时不得大于1%；当含水率等于、大于40%时不得大于2%。

（3）试验结果记录于表1.1。

表1.1　土的含水率试验检测记录（烘干法、酒精燃烧法）

工程部位/用途					任务/委托编号				
试验依据					样品编号				
样品描述					样品名称				
试验条件					试验日期				
主要仪器设备及编号									
试样编号	盒号	盒质量/g	盒+湿土质量/g	盒+干土质量/g	水质量/g	干土质量/g	含水率/%	平均含水率/%
备注：								

模块一　土工试验

实验报告

试验题目		成绩	
试验目的和意义			
主要试验步骤			
结论：			

试验二　颗粒分析试验（筛分法）

一、目的和适用范围

本试验方法适用于分析粒径大于 0.075 mm 的土。

二、仪具与材料

（1）标准筛。粗筛（圆孔）：孔径为 60 mm、40 mm、20 mm、10 mm、5 mm、2 mm。细筛：孔径为 2 mm、1 mm、0.5 mm、0.25 mm、0.075 mm。

（2）天平：称量 5 000 g，感量 5 g；称量 1 000 g，感量 1 g；称量 200 g，感量 0.2 g。

（3）摇筛机。

（4）其他：烘箱、筛刷、烧杯、木碾、研钵及杵等。

三、试样准备

从风干、松散的土样中，用四分法按照下列规定取出具有代表性的试样：小于 2 mm 颗粒的土 100~300 g；最大粒径小于 10 mm 的土 300~900 g；最大粒径小于 20 mm 的土 1 000~2 000 g；最大粒径小于 40 mm 的土 2 000~4 000 g；最大粒径大于 40 mm 的土 4 000 g 以上。

四、操作步骤

1. 对于无凝聚性的土

（1）按规定称取试样，将试样分批过 2 mm 筛。

（2）将大于 2 mm 的试样从大到小的次序，通过大于 2 mm 的各级粗筛。将在筛上的土分别称重。

（3）2 mm 筛下的土如数量过多，可用四分法缩分至 100~800 g。将试样按从大到小的次序通过小于 2 mm 的各级细筛。可用摇筛机进行振摇，振摇时间一般为 10~15 min。

（4）由最大孔径的筛开始，顺序将各筛取下，在白纸上用手轻轻摇晃，至每分钟筛下数量不大于该级筛余质适的 1% 为止。漏下的土粒应全部放入下一级筛内，并将留在各筛上的土样用软毛刷刷净，分别称量。

（5）筛后各级筛上和筛底土总质量与筛前试样质量之差，不应大于 1%。

（6）如 2 mm 筛下的土不超过试样总质量的 10%，可省略细筛分析；2 mm 筛上的土不超过试样总质量的 10%，可省略粗筛分析。

2. 对于含有黏土粒的砂砾土

（1）将土样放在橡皮板上，用木碾将黏结的土团充分碾散、拌匀、烘干、称量。如土样过多时，用四分法称取代表性土样。

（2）将试样置于盛有清水的瓷盆中，浸泡并搅拌，使粗细颗粒分散。

（3）将浸润后的混合液过 2 mm 筛，边冲边洗过筛，直至筛上仅留大于 2 mm 以上的土粒为止。然后，将筛上洗净的砂砾风干称量，按以上方法进行粗筛分析。

（4）通过 2 mm 筛下的混合液存放在盆中，待稍沉淀，将上部悬液过 0.075 mm 洗筛，用带橡皮头的玻璃棒研磨盆内浆液，再加清水，搅拌、研磨、静置、过筛，反复进行，直至盆内悬液澄清。最后，将全部土粒倒在 0.075 mm 筛上，用水冲洗，直到筛上仅留大于 0.075 mm 净砂为止。

（5）将大于 0.075 mm 的净砂烘干称量，并进行细筛分析。

（6）将大于 2 mm 颗粒及 2～0.075 mm 的颗粒质量从原称量的总质量中减去，即为小于 0.075 mm 颗粒质量。

（7）如果小于 0.075 mm 颗粒质量超过总土质量的 10%，有必要时，将这部分土烘干、取样，另做比重或移液管分析。

五、结果整理

（1）按式（2.1）计算小于某粒径颗粒质量百分数。

$$X = \frac{A}{B} \times 100 \qquad (2.1)$$

式中　　X——小于某粒径颗粒的质量百分数，%；

　　　　A——小于某粒径的颗粒质量，g；

　　　　B——试样的总质量，g。

（2）当小于 2 mm 的颗粒如用四分法缩分取样时，试样中小于某粒径的颗粒质量占总土质量的百分数计算方法如式（2.2）所示。

$$X = \frac{a}{b} \times p \times 100 \qquad (2.2)$$

式中　　a——通过 2 mm 的试样中小于某粒径的颗粒质量，g；

　　　　b——通过 2 mm 筛的土样中所取试样的质量，g；

　　　　p——粒径小于 2 mm 的颗粒质量百分数。

（3）在半对数坐标纸上，以小于某粒径颗粒的质量百分数为纵坐标，以粒径（mm）为横坐标，绘制颗粒大小级配曲线，求出各粒组的颗粒质量百分数，以整数（%）表示。

（4）试验结果记录于表 2.1。

表 2.1 土颗粒大小分析试验记录（筛分法）

工程部位/用途					任务/委托编号				
试验依据					样品编号				
样品描述					样品名称				
试验条件					试验日期				
主要仪器设备及编号									
筛前总土质量/g					小于2 mm取试样质量/g				
小于2 mm土质量/g					小于2 mm土占总土质量/%				
粗筛分析					细筛分析				
孔径/mm	留筛土质量/g	小于该孔径的土质量/g	小于该孔径土质量百分比/%		孔径/mm	留筛土质量/g	小于该孔径的土质量/g	小于该孔径土质量百分比/%	占总土质量百分比/%
60					2				
40					1				
20					0.5				
10					0.25				
5					0.074				
2					筛下				
底盘									

颗粒大小分析曲线图

（纵轴：通过率/%，0—100；横轴：筛孔尺寸/mm，0.01—100）

d_{60}	d_{30}	d_{10}	不均匀系数 $C_u = \dfrac{d_{60}}{d_{10}}$	曲率系数 $C_c = \dfrac{d_{30}^2}{d_{60} d_{10}}$

结论：

模块一 土工试验

实验报告

试验题目		成绩	
试验目的和意义			
主要试验步骤			
结论：			

试验三　液限、塑限试验

一、目的和适用范围

由于含水率不同,土体分别处于流动状态、可塑状态、半固体状态、固体状态。流动状态和可塑状态的分界含水率称为土的液限,可塑状态和半固体状态的分界含水率称为土的塑限。

本试验的目的是测定土的液限和塑限,为划分土类,计算天然稠度、塑性指数、液性指数,供工程设计和施工之用。

本试验适用于粒径小于 0.5 mm、有机质含量小于 5% 的土。

二、仪具与材料

（1）液塑限联合测定仪：锥质量为 100 g 或 76 g，锥角为 30°，读数显示形式宜采用光电式、数码式、游标式和百分表式。

（2）盛土杯：直径 50 mm，深度 40~50 mm。

（3）天平：称量 200 g，感量 0.01 g。

（4）其他：筛（孔径 0.5 mm）、调土刀、调土皿、称量盒、研钵（附带橡皮头的研杵或橡皮板、木棒）、干燥器、吸管、凡士林等。

三、操作步骤

（1）取有代表性的天然含水率或风干土样进行试验。如土样中含大于 0.5 mm 的土粒或杂物时，应将风干土样用带橡皮头的研杵研碎或用木棒在橡皮板上压碎，过 0.5 mm 的筛。

（2）取 0.5 mm 筛下代表性风干土样，每个盛土皿中放大约 200 g，加入不同数量蒸馏水土样的含水率分别控制在液限（A 点），略大于塑限（C 点）和二者的中间状态（B 点）。用调土刀调匀，盖上湿布，放置 18 h 以上。测定 A 点的锥入深度应为 20 mm ± 0.2 mm（100 g 锥）或 17 mm（76 g 锥）。测定 C 点的锥入深度应控制在 5 mm（100 g 锥）或 2 mm（76 g 锥）以下。对于砂类土，测定 C 点的锥入深度可大于 5 mm（100 g 锥）或 2 mm（76 g 锥）。

（3）将制备的土样充分搅拌均匀，分层装入盛土杯，用力压密，使空气逸出。对于较干的土样，应先充分搓揉，用调土刀反复压实。试杯装满后，刮成与杯边齐平。

（4）调平仪器，接通电源，打开开关，提起锥体，锥头上涂少许凡士林。

（5）将装好土样的试杯放在联合测定仪升降座上，转动升降旋钮，待锥尖刚与土样表面接触时停止升降，锥体立刻自行下沉，经 5 s 时，试锥自动停止下沉，读数窗显示锥入深度 h_1。

（6）改变锥尖与土接触位置（锥尖两次锥入位置距离不小于 1 cm），重复步骤（4）、（5），得锥入深度 h_2，要求 h_1、h_2 允许误差为 0.5 mm，否则应重做。取 h_1、h_2 平均值作为该点的锥入深度 h。

（7）去掉锥尖入土时的凡士林，取 10 g 以上土样两个，分别装入称量盒内，称质量（准确至 0.01 g），测定其含水率 ω_1，ω_2（计算到 0.1%）计算含水率平均值 ω。

（8）重复步骤（3）、（4）、（5）、（6）、（7），对其他两个含水率进行试验，测其锥入深度和含水率。

四、结果整理

（1）在双对数坐标纸上，以含水率 ω 为横坐标，锥入深度 h 为纵坐标，绘 A、B、C 三点含水率的 h-w 图，连接此三点，应呈一条直线。如三点不在同一条直线上，要通过 A 点与 B、C 两点连成两条直线，根据液限（A 点含水率）在 h_P-w_L 图上查得 h_P，以此 h_P 再在 h-w 图上的 AB 及 AC 直线上求出相应的两个含水率，当两个含水率的差值小于 2% 时，以该两点的平均值与 A 点连成一条直线。当两个交点处含水率的差值大于 2% 时，应重做试验。

（2）在 h-w 图上，若为 100 g 锥，查得纵坐标入土深度 $h = 20$ mm 所对应的横坐标的含水率 w，即为该土样的液限 w_L；若为 76 g 锥，查得纵坐标入土深度 $h = 17$ mm 所对应的横坐标的含水率 w，即为该土样的液限 w_L。

（3）求出液限，通过液限与塑限时入土深度的关系曲线，查得 h_P，再由 h-w 图求出入土深度为 h_P 时所对应的含水率，即为该土样的塑限 w_P。

液限 w_L 与塑限时入土深度 h_P 的关系曲线，是按经验公式的计算值绘制成的，其经验公式如式（3.1）所示。

$$h_p = \frac{w_L}{0.524 w_L - 7.606} \tag{3.1}$$

它只适用于细粒土，对于砂类土则用多项式曲线确定 h_P 的值，相应的计算公式如式（3.2）所示。

$$h_p = 29.6 - 1.22 w_L + 0.017 w_L^2 - 0.000\,744 w_L^3 \tag{3.2}$$

在使用这两个公式之前，须先通过简易鉴别及筛分法，把砂类土与细粒土区分开来。

（4）试验结果记录于表 3.1。

表3.1 土的液塑限试验检测记录

工程部位/用途		任务/委托编号	
试验依据		样品编号	
样品描述		样品名称	
试验条件		试验日期	
主要仪器设备及编号			

试验项目		试验次数			
		1	2	3	
入土深度 /mm	h_1				
	h_2				
	平均值				
含水率 /%	盒号				
	盒质量/g				
	盒+湿土质量/g				
	盒+干土质量/g				
	干土质量/g				
	水质量/g				液限 w_L/%
	含水率（%）				塑限 w_P/%
	平均值（%）				塑限指数 I_P

锥入深度与含水率（h-w）关系图

结论：

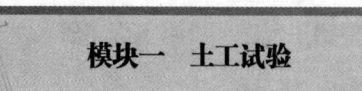

模块一 土工试验

实验报告

试验题目		成绩	
试验目的和意义			
主要试验步骤			
结论：			

试验四 标准击实试验

一、目的和适用范围

本试验分轻型击实和重型击实。小试筒适用于粒径不大于 20 mm 的土,大试筒适用于粒径不大于 40 mm 的土。

二、仪具与材料

（1）标准击实仪：轻重型试验方法和设备的主要参数如表 4.1 所示。
（2）烘箱及干燥器。
（3）天平：称量 200 g,感量 0.01 g。
（4）台秤：称量 10 kg、感量 5 g。
（5）圆孔筛：孔径 40 mm、20 mm、5mm 各 1 个。
（6）拌和工具：400 mm × 600 mm、深 70 mm 的金属盘，土铲。
（7）其他：喷水设备、碾土器、盛土盘、量筒、推土器、铝盒、修土刀、平直尺等。

表 4.1 击实试验方法种类

试验方法	类别	锤底直径/cm	锤质量/kg	落高/cm	试筒尺寸		试样尺寸		层数	每层击数	击实功/(kg/m³)	最大粒径/mm
					内径/cm	高/cm	高度/cm	体积/cm³				
轻型	Ⅰ-1	5	2.5	30	10	12.7	12.7	997	3	27	598.2	20
	Ⅰ-2	5	2.5	30	15.2	17	12	2 177	3	59	598.2	40
重型	Ⅱ-1	5	4.5	45	10	12.7	12.7	997	5	27	2 687.0	20
	Ⅱ-2	5	4.5	45	15.2	17	12	2 177	3	98	2 677.2	40

三、试样准备

（1）本试验可分别采用不同的方法准备试样。各方法可按表 4.2 准备试样。

表 4.2 试样用量

使用方法	类别	试筒内径/cm	最大料径/mm	试样用量/kg
干土法（土样不重复使用）	b	10	20	至少 5 个试样，每个 3
		15.2	40	至少 5 个试样，每个 6
湿土法（土样不重复使用）	c	10	20	至少 5 个试样，每个 3
		15.2	40	至少 5 个试样，每个 6

（2）干土法（土样不重复使用）：按四分法至少准备 5 个试样，分别加入不同水分（按 2%～3% 含水率递增），拌匀后闷料一夜备用。

（3）湿土法（土样不重复使用）：对于高含水率土，可省略过筛步骤，用手拣除大于 40 mm 石子即可。保持天然含水率的第一个土样，可立即用于击实试验。其余几个土样，将土分成小土块，分别风干，使含水率按 2%～3% 递减。

四、试验步骤

（1）根据工程要求，按表规定选择轻型或重型试验方法。

（2）将击实筒放在坚硬的地面上，取制备好的土样分 3～5 次倒入筒内。小试筒盛土质量：按三层法时，每次约 800～900 g（其量应使击实后的试样等于或略高于筒高的 1/3）；按五层法时，每次需 400～500 g（其量应使击实后的土样等于或略高于筒高 1/5）。大试筒盛土质量：先将垫块放入筒内底板上，按五层法时，每层需试样 900（细粒土）～1 100 g（粗粒土）；按三层法时，每层需土样 1 700 g 左右，整平表面，并稍加压紧．然后按规定的击数进行第一层土的击实，击实时击锤应自由垂直落下，锤迹必须均匀分布于土样面，第一层击实完后，将试样表面"拉毛"，然后装入套筒，重复上述方法进行其余各土层的击实。小试筒击实后，试样不应高出筒顶面 5 mm；大试筒击实后，试样不应高出筒顶面 6 mm。

（3）用修土刀沿套筒内壁削刮，使试样与套筒脱离后，扭动并取下套筒，齐筒顶细心削平试样，拆除底板．擦净筒外壁，称量（准确至 1 g）。

（4）用推土器推出筒内试样，从试样中心处取样测其含水率，计算至 0.1%。

（5）对于干土法（土样重复使用），将试样搓散，然后按上述方法进行洒水，拌和（但不需要闷料），每次约增加 2%～3% 的含水率，其中有两个大于和两个小于最佳含水率。

（6）按上述方法进行其他含水率试样的击实试验。

五、结果整理

（1）按式（4.1）计算击实后的干密度。

$$\rho_d = \frac{\rho}{1+0.01w} \tag{4.1}$$

式中　ρ_d——干密度，g/cm^3；

　　　ρ——天然密度，g/cm^3；

　　　w——含水率，%。

（2）以干密度为纵坐标，含水率为横坐标，绘制干密度与含水率的关系曲线，曲线上峰值点的纵、横坐标分别为最大干密度和最佳含水量。如果曲线不能明显绘出峰值点，应进行补点或重做试验。

（3）试验结果记录于表 4.3。

表4.3 击实试验记录

试样名称						委托单编号	
试样规格						试验日期	
试样状态						试验依据	
使用部位						设备编号	
层数/每层击数				击锤质量/kg		落距/cm	
土样制备及说明				筒容积/(g/cm³)		大于2 mm颗粒含量/%	

	试验次数	1	2	3	4	5	
干密度	试验含水率/%						
	筒+土质量/g						干密度与含水率曲线图
	筒质量/g						
	湿土质量/g						
	湿密度/(g/cm³)						
	干密度/(g/cm³)						
含水率	盒 号						
	盒+湿土质量/g						含水率
	盒+干土质量/g						
	盒质量/g						
	水质量/g						
	干土质量/g						
	含水率/%						
	平均含水率/%						备注:

最佳含水率＝　　　　　%　　　最大干密度＝　　　　　g/cm³

实验报告

试验题目		成绩	
试验目的和意义			
主要试验步骤			
结论：			

试验五　承载比（CBR）试验

一、目的和适用范围

（1）本试验方法只适用于在规定的试筒内制件后，对各种土和路面基层、底基层材料进行承载比试验。

（2）试样的最大粒径宜控制在 20 mm 以内，最大不得超过 40 mm，且含量不超过 5%。

二、仪具与材料

（1）圆孔筛：孔径 40 mm、20 mm 及 5 mm 筛各 1 个。

（2）试筒：内径 152 mm、高 170 mm 的金属圆筒；套环，高 50 mm；筒内垫块，直径 151 mm、高 50 mm；夯击底板，同击实仪。试筒的形式和主要尺寸，也可用击实试验（试验四）的大击实筒。

（3）夯锤和导管：夯锤的底面直径 50 mm，总质量 4.5 kg。夯锤在导管内的总行程为 450 mm，夯锤的形式和尺寸与重型击实试验法所用的相同。

（4）贯入杆，端面直径 50 mm、长约 100 mm 的金属柱。

（5）路面材料强度仪或其他载荷装置：能量不小于 50 kN，能调节贯入速度至每分钟贯入 1 mm，可采用测力计式。

（6）百分表：3 个。

（7）试件顶面上的多孔板（测试件吸水时的膨胀量）。

（8）多孔底板（试件放上后浸泡水中）。

（9）测膨胀量时支承百分表的架子。或采用压力传感器测试。

（10）荷载板：直径 150 mm，中心孔眼直径 52 mm，每块质量 1.25 kg，共 4 块，并沿直径分为两个半圆块。

（11）水槽：浸泡试件用，槽内水面应高出试件顶面 25 mm。

（12）其他：台秤，感量为试件用量的 0.1%；拌和盘、直尺、滤纸、脱模器等与击实试验相同。

三、试样准备

将具有代表性的风干试料（必要时可在 50 ℃ 烘箱内烘干），用木碾捣碎，但应尽量注意不使土或粒料的单个颗粒破碎。土团均应捣碎到通过 5 mm 的筛孔。

采取有代表性的试料 50 kg，用 40 mm 筛筛除大于 40 mm 的颗粒，并记录超尺寸颗粒的百分数。将已过筛的试料按四分法取出约 25 kg；再用四分法将取出的试料分成 4 份，每份质量 6 kg，供击实试验和制试件之用。

在预定做击实试验的前一天，取有代表性的试料测定其风干含水率。测定含水率用的试样数量参照下表采取。

表 5.1 测定含水率用试样的数量

最大粒径/mm	试样质量/g	个 数
<5	15~20	2
约 5	约 50	1
约 20	约 250	1
约 40	约 500	1

四、试验步骤

（1）称试筒本身质量（m_1），将试筒固同定在底板上，将垫块放入筒内，并在垫块上放一张滤纸，安上套环。

（2）将试料按表 4.1 中规定的层数和每层击数进行击实，求试料的最大干密度和最佳含水率。

（3）将其余 3 份试料，按最佳含水率制备 3 个试件。将 1 份试料平铺于金属盘内，按事先计算得的该份试料应加的水量均匀地喷洒在试料上。应加水量按式（5.1）计算。

$$m_w = \frac{m_i}{1+0.01w_i} \times 0.01(w-w_i) \tag{5.1}$$

式中 m_w——所需的加水量，g；
m_i——含水率为 w_i 时土样的质量，g；
w_i——土样原有含水率，%；
w——要求达到的含水率，%。

用小铲将试料充分拌和到均匀状态，然后装入密闭容器或塑料口袋内浸润备用。

浸润时间：重黏土不得少于 24 h，轻黏土可缩短到 12 h，砂土可缩短到 1 h，天然砂砾可缩短到 2 h 左右。

制每个试件时，都要取样测定试料的含水率。

注：需要时，可制备三种干密度试件。每种干密度试件制 3 个，共制 9 个试件。每层击数分别为 30、50 和 98 次，使试件的干密度从低于 95% 到等于 100% 的最大干密度。这样，9 个试件共需试料约 55 kg。

（4）将试筒放在坚硬的地面上，取备好的试样分 3 次倒入筒内（视最大料径而定），每层需试样 1 700 g 左右（其量应使击实后的试样高出 1/3 筒高 1~2 mm）。整平表面，并稍加压紧，然后按规定的击数进行第一层试样的击实，击实时锤应自由垂直落下，锤迹必须均匀分布于试样面上。第一层击实完后，将试样层面"拉毛"，然后再装入套筒，重复上述方法进行其余每层试样的击实。大试筒击实后，试样不宜高出筒高 10 mm。

（5）卸下套环，用直刮刀沿试筒顶修平击实的试件，表面不平整处用细料修补。取出垫块，称试筒和试件的质量（m_2）。

（6）泡水测膨胀量的步骤如下：

① 在试件制成后，取下试件顶面的破残滤纸，放一张好滤纸，并在其上安装附有调节杆的多孔板，在多孔板上加4块荷载板。

② 将试筒与多孔板一起放入槽内（先不放水），并用拉杆将模具拉紧，安装百分表，并读取初读数。

③ 向水槽内放水，使水自由进到试件的顶部和底部。在泡水期间，槽内水面应保持在试件顶面以上大约25 mm。通常试件要泡水4昼夜。

④ 泡水终了时，读取试件上百分表的终读数，并用式（5.2）计算膨胀量。

$$膨胀量 = \frac{泡水后试查试件高}{原试件高} \times 100 \tag{5.2}$$

式中，原试件高 = 120 mm。

从水槽中取出试件，倒出试件面的水，静置 15 min，让其排水，然后卸去附加荷载和多孔板、底板和滤纸，并称其质量（m_3），以计算试件的湿度和密度的变化。

（7）贯入试验，步骤如下：

① 将泡水试验终了的试件放到路面材料强度试验仪的升降台上，调整偏球座，对准、整平并使贯入杆与试件顶面全面接触，在贯入杆周围放置4块荷载板。

② 先在贯入杆上施加45 N荷载，然后将测力和测变形的百分表指针均调整至整数，并记读起始读数。

③ 加荷使贯入杆以 1~1.25 mm/min 的速度压入试件，同时测记三个百分表的读数。记录测力计内百分表某些整读数（如 20、40、60）时的贯入量，并注意使贯入量为 250×10^{-2} mm 时，能有5个以上的读数。因此，测力计内的第一个读数应是贯入量 30×10^{-2} mm 左右。

五、结果整理

（1）以单位压力（p）为横坐标，贯入量 l 为纵坐标，绘制 p-l 关系曲线。

（2）一般采用贯入量为 2.5 mm 时的单位压力与标准压力之比作为材料的承载比（CBR），如式（5.3）所示。

$$CBR = \frac{p}{7\ 000} \times 100 \tag{5.3}$$

式中　CBR——承载比，%，计算至0.1；

p——单位压力，kPa。

同时计算贯入量为 5 mm 时的承载比如式（5.4）所示。

$$CBR = \frac{p}{10\ 500} \times 100 \tag{5.4}$$

如贯入量为 5 mm 时的承载比大于 2.5 mm 时的承载比，则试验应重做。如结果仍然如此，则采用 5 mm 时的承载比。

（3）试件的湿密度用式（5.5）计算。

$$\rho = \frac{m_2 - m_1}{2\,177} \tag{5.5}$$

式中　ρ——试件的湿密度，g/cm³，计算至 0.01；
　　　m_2——试筒和试件试筒合质量，g；
　　　m_1——试筒的质量，g。

（4）试件的干密度用式（5.6）计算。

$$\rho_d = \frac{\rho}{1+0.01w} \tag{5.6}$$

式中　ρ_d——试件的干密度，g/cm³，计算至 0.01；
　　　w——试件的含水率。

（5）泡水后试件的吸水量按式（5.7）计算。

$$w_a = m_3 - m_2 \tag{5.7}$$

式中　w_a——泡水后试件的吸水量，g；
　　　m_3——泡水后试筒和试件的合质量，g；
　　　m_2——试筒和试件的合质量，g。

（6）油水膨胀轴试验结果记录于表 5.2，承载比试验结果记录于表 5.3。

表 5.2　自由膨胀率试验检测记录

工程部位/用途				任务/委托编号	
试验依据				样品编号	
样品描述				样品名称	
试验条件				试验日期	
主要仪器设备及编号					
筒号/每层击次	日　期	百分表读数/0.01 mm	日　期	百分表读数/0.01 mm	泡水后试件膨胀高度/mm	备注

续表 5.2

筒号/每层击次	日 期	百分表读数 /0.01 mm	日 期	百分表读数 /0.01 mm	泡水后试件膨胀高度/mm	备 注

表 5.3 土的承载比（CBR）试验检测记录

工程部位/用途			任务/委托编号		
试验依据			样品编号		
样品描述			样品名称		
试验条件			试验日期		
主要仪器设备及编号					
每层击数		击实层数		制件日期	
筒 号			筒 号		

续表 5.3

膨胀量	泡水前试件高度/mm						密度	筒质量/g		
	泡水后试件高度/mm							筒+试件质量/g		
	膨胀量/%							筒体积/cm³		
	膨胀量平均值/%							湿密度/(g/cm³)		
吸水量	泡水后筒+试件重/g							含水率/%		
	吸水量/g							干密度/(g/cm³)		
	吸水量平均值/g							干密度平均值/(g/cm³)		

测力环校正系数（kN/0.01 mm）=　　　　　　贯入杆面积（mm²）=

测力环读数	单位压力 p/kPa	贯入读数 /0.01 mm		贯入量 l/mm	测力环读数 R	单位压力 p/kPa	贯入读数 /0.01 mm		贯入量 l/mm	测力环读数	单位压力 p/kPa	贯入读数 /0.01 mm		贯入量 l/mm
		左	右				左	右				左	右	
		25					25					25		
		50					50					50		
		100					100					100		
		150					150					150		
		200					200					200		
		250					250					250		
		300					300					300		
		350					350					350		
		400					400					400		
		450					450					450		
		500					500					500		
		600					600					600		
		700					700					700		
CBR_1					CBR_2					CBR_3				
CBR 平均值							C_V							

备注：

实验报告

试验题目		成绩	
试验目的和意义			
主要试验步骤			
结论:			

模块二　集料试验

试验六　细集料的筛析试验

一、目的和适用范围

测定砂的颗粒级配及粗细程度，并为沥青混合料组成设计提供必要的数据。

二、仪具与材料

（1）标准筛。
（2）天平：称量1 000 g，感量不大于0.5 g。
（3）摇筛机。
（4）烘箱：能控温在（105±5）℃。
（5）其他：浅盘和硬、软毛刷等。

三、操作步骤

将来样通过9.5 mm（方孔）筛，并计算出其超粒径材料筛余百分率。然后在潮湿状态下充分拌匀，用四分法缩分至每份不少于550 g的试样两份，在（105±5）℃的烘箱中烘干至恒重，冷却至室温后备用。

（1）干筛法，按下列步骤筛分。

① 准确称取烘干试样约500 g，精确至0.5 g。置于套筛的最上一只筛，即4.75 mm筛上，将套筛装入摇筛机，摇筛约10 min，然后取出套筛，按筛孔大小顺序，从最大的筛号开始，在清洁的浅盘上逐个进行手筛，直到每分钟的筛出量不超过筛上剩余量的1%为止，将筛出通过的颗粒并入下一号筛，和下一号筛中的试样一起过筛，这样顺序进行，直到各号筛全部筛完为止。

② 称量各筛筛余试样的质量，精确至0.5 g。各筛的分计筛余量和底盘中剩余量的总量与筛分前的试样总量相比，其相差不得超过1%。

（2）水筛法，按下列步骤筛分。

① 准确称取烘干试样约 500 g（m_1），精确至 0.5 g。

② 将试样置一洁净容器中，加入足够数量的洁净水，将集料全部盖没。

③ 用搅棒充分搅动集料，使集料表面洗涤干净，使细粉悬浮于水中，但不得有集料从水中溅出。

④ 用 1.18 mm 筛和 0.075 mm 筛组成套筛。仔细将容器中混有细粉的悬浮液徐徐倒出，经过套筛流入另一容器中，但不得将集料倒出。

⑤ 重复以上步骤，直至倒出的水洁净为止。

⑥ 将容器中的集料倒入搪瓷盘中，用少量水冲洗，使容器上黏附的集料颗粒全部进入搪瓷盘中。将筛子反扣过来，用少量水将筛上的集料冲洗入搪瓷盘中。操作过程中不得有集料散失。

⑦ 搪瓷盘连同集料一起置于（105±5）℃烘箱中烘干至恒重，称取干燥试样的总质量（m_2），准确至 0.1%。m_1 与 m_2 之差即为通过 0.075 mm 部分。

⑧ 将全部要求筛孔组成套筛（但不需 0.075 mm 筛），将已经洗去小于 0.075 mm 部分的干燥集料置于套筛上（一般为 4.75 mm 筛），将套筛装入摇筛机，摇筛约 10 min，然后去除套筛。按筛孔大小顺序，从最大的筛号开始，在清洁的浅盘上逐个进行手筛，直到每分钟的筛出量不超过筛上剩余量的 0.1% 为止，将筛出通过的颗粒并入下一号筛，和下一号筛中的试样一起过筛，这样顺序进行，直到各号筛全部筛完为止。

⑨ 称量各筛筛余试样的质量，精确至 0.5 g。各筛的分计筛余量和底盘中剩余量的总质量与筛分前的试样总量相比，其相差不得超过 1%。

四、结果整理

（1）分计筛余百分率。各号筛的分计筛余百分率为各号筛上的筛余量除以试样总量的百分率，准确至 0.1%。对沥青路面细集料而言，0.15 mm 筛下部分即为 0.075 mm 分计筛余，由（7）所测得的 m_1 与 m_2 之差即为小于 0.075 mm 的筛底部分。

（2）累计筛余百分率。各号筛的累计筛余百分率为该号筛及大于该号筛的各号筛的分计筛余百分率之和，准确至 0.1%。

（3）计算质量通过百分率。各号筛的质量通过百分率等于 100 减去该号筛累计筛余百分率，准确至 0.1%。

（4）根据各筛的累计筛余百分率或通过百分率，绘制级配曲线，并计算细度模数。

（5）筛分试验应进行两次平行试验，以其试验结果的算术平均值作为测定值。如两次试验所得的细度模数之差大于 0.20，应重新进行试验。

（6）干筛试验结果记录于表 6.1，水筛法试验可记录于表 15.2。

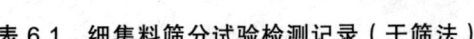

表 6.1　细集料筛分试验检测记录（干筛法）

工程部位/用途					委托/任务编号					
试验依据					样品编号					
样品描述					样品名称					
试验条件					试验日期					
主要仪器设备及编号										
干燥试样总量/g	第 1 组				第 2 组					平均
细度模数										
筛孔尺寸/mm	筛余质量/g	分计筛余/%	累计筛余/%	通过百分率/%	筛余质量/g	分计筛余/%	累计筛余/%	通过百分率/%	通过百分率/%	
筛底/g										
干筛后总量/g										
损耗/g										
损耗率/%										
备注：										

实验报告

试验题目		成绩	
试验目的和意义			
主要试验步骤			
结论：			

试验七　细集料表观密度试验

一、目的和适用范围

用容量瓶法测定细集料在 23 ℃ 时对水的表观相对密度和表观密度。本方法适用于含有少量大于 2.36 mm 部分的细集料。

二、仪具与材料

（1）天平：称量 1 kg，感量不大于 1 g。
（2）容量瓶：500 mL。
（3）烘箱：能使温度控制在（105±5）℃。
（4）烧杯：500 mL。
（5）其他：干燥器、浅盘、铝制料勺、温度计等。

三、操作步骤

（1）将缩分至 650 g 左右的试样在温度为（105±5）℃ 的烘箱中烘干至恒重，并在干燥器内冷却至室温，分成两份备用。
（2）称取烘干的试样约 300 g（m_0），装入盛有半瓶洁净水的容量瓶中。摇转容量瓶，使试样在已保温至（23±1.7）℃ 的水中充分搅动以排除气泡，塞紧瓶塞，在恒温条件下置 24 h 左右，然后用滴管添水，使水面与瓶颈刻度线平齐，再塞紧瓶塞，擦干瓶外水分，称其总质量（m_2）。
（3）倒出瓶中的水和试样，将瓶的内外表面洗净，再向瓶内注入同样温度的洁净水（温差不超过 1 ℃）至瓶颈刻度线。塞瓶塞，擦干瓶外水分，称其总质量（m_1）。

四、结果整理

（1）细集料的表观相对密度按式（7.1）计算至小数点后 3 位。

$$\gamma_a = \frac{m_0}{m_0 + m_1 - m_2} \tag{7.1}$$

式中　γ_a——细集料的表观相对密度，无量纲；
　　　m_0——试样的烘干质量，g；
　　　m_1——水及容量瓶总质量，g；
　　　m_2——试样、水及容量瓶总质量，g。

（2）表观密度 ρ_a 按式（7.2）计算至小数点后 3 位。

$$\rho_a = \gamma_a \rho_T，或 \quad \rho_a = (\gamma - \alpha_T)\rho_w \tag{7.2}$$

式中　ρ_a ——细集料的表观密度，g/cm^3；

　　　ρ_w ——水 4 ℃ 时的密度，g/cm^3；

　　　α_T ——试验时水温对水密度影响的修正系数；

　　　ρ_T ——试验温度为 T 时水的密度，g/cm^3。

（3）以两次平行试验结果的算术平均值作为测定值，如两次结果之差大于 0.01 g/cm^3，应重新取样进行试验。

（4）试验结果记录于表 7.1。

表 7.1　细集料密度试验检测记录（容量瓶法）

工程部位/用途						委托/任务编号		
试验依据						样品编号		
样品描述						样品名称		
试验条件						试验日期		
主要仪器设备及编号								
水温/℃					水的密度 ρ_T /（g/cm^3）			
试样名称及规格/mm	试验次数	试样烘干质量/g	砂+水+瓶总质量/g	水+瓶质量/g	表观密度/(g/cm^3)			平均表观密度/(g/cm^3)
	1							
	2							
	1							
	2							
	1							
	2							
	1							
	2							
备注：								

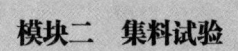

模块二 集料试验

实验报告

试验题目		成绩	
试验目的和意义			
主要试验步骤			
结论：			

试验八 细集料堆积密度试验

一、目的和适用范围

测定砂自然状态下堆积密度,作为计算空隙率与其他指标的依据。

二、仪具与材料

(1)天平:称量 5 kg,感量 5 g。
(2)容量筒。
(3)标准漏斗。
(4)烘箱。
(5)其他:小勺、直尺、浅盘等。

三、操作步骤

(1)用浅盘装来样约 5 kg,在温度为(105±5)℃ 的烘箱中烘干至恒量,取出并冷却至室温,分成大致相等的两份备用。

(2)将试样装入漏斗中,打开底部的活动门,将砂流入容量微中,也可直接用小勺向容量微中装试样,但漏斗出料口或料勺距容量筒筒口均为 50 mm 左右,试样装满并超出容量筒筒口后,用直尺将多余的试样沿筒口中心线向两个相反方向刮平,称取质量 m_1。

四、结果整理

(1)堆积密度按式(8.1)计算至小数点后 3 位。

$$\rho = \frac{m_1 - m_0}{V} \tag{8.1}$$

式中　m_1——容量筒和堆积砂的总质量,g;
　　　m_0——容量筒的质量,g。

(2)以两次结果的算术平均值作为测定值。
(3)试验结果记录于表 8.1。

表 8.1　细集料堆积密度试验记录

试样名称			委托单编号		
试样规格			试验日期		
试样状态			试验依据		
使用部位			设备编号		
试验次数	筒质量/g	筒与堆积砂总质量/g	筒与紧装砂总质量/g	筒容积/cm³	堆积密度/(g/cm³)	平均值/(g/cm³)
1						
2						

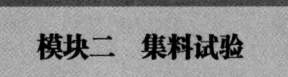 模块二　集料试验

实验报告

试验题目		成绩	
试验目的和意义			
主要试验步骤			

结论：

试验九　细集料含泥量试验（筛洗法）

一、目的和适用范围

测定砂中粒径小于 0.075 mm 的尘屑、淤泥和黏土的总含量。确定可否直接用来配制混凝土。

二、仪具与材料

（1）天平：称量 1 kg，感量 0.1 g。
（2）烘箱：能使温度控制在（105±5）℃。
（3）筛：孔径为 0.075 mm 及 1.25 mm（或 1.18 mm）筛各 1 个。
（4）洗砂用的筒及烘干用的浅盘等。

三、操作步骤

（1）将来样在潮湿状态下用四分法缩分至约 1 000 g，置于温度（105±5）℃ 的烘箱中烘至恒重，冷却至室温后，立即称取各重 400 g 的试样 2 份备用。
（2）取烘干的试样 1 份置于容器中，并注入洁净的水，使水面高出砂面约 200 mm，充分拌和均匀后，浸泡 24 h，然后用手在水中淘洗试样，使尘屑、淤泥、黏土与砂粒分离，并使之悬浮或溶于水中，缓缓地将浑浊液倒入 1.18～0.075 mm 的套筛上，滤去小于 0.075mm 的颗粒。试验前筛子的两面应先用水湿润，在整个试验过程中应注意避免颗粒丢失。
（3）再次加水于筒中，重复上述过程，直到筒内砂样洗出的水清澈为止。
（4）用水冲洗剩留在筛上的细粒，并将 0.075 mm 筛放在水中（使水面略高出筛中砂料的上表面）来回摇动，以充分洗除小于 0.075 mm 的颗粒，然后将两只筛上剩余的颗粒和筒中已洗净的试样一并装入浅盘，置于温度为（105±5）℃ 的烘箱中烘干至恒重，取出冷却至室温后称量试样的质量。

四、结果整理

（1）砂的含泥量按式（9.1）计算，精确至 0.1%。

$$Q_n = \frac{m_0 - m_1}{m_0} \times 100 \tag{9.1}$$

式中　Q_n——砂的含泥量，%；
　　　m_0——试验前的烘干试样质量，g；
　　　m_1——试验后的烘干试样质量，g。

（2）以两个试样试验结果的算术平均值作为测定值，两次结果的差值超过 0.5% 时，应重新取样进行试验。

（3）试验结果记录于表 9.1。

表 9.1　细集料含泥量及泥块含量试验检测记录表

	工程部位/用途		委托/任务编号	
	试验依据		样品编号	
	样品描述		样品名称	
	试验条件		试验日期	
	主要仪器设备及编号			
	试验次数		1	2
含泥量	含泥量试验前烘干试样质量/g			
	含泥量试验后烘干试样质量/g			
	试样含泥量或小于 0.075 mm 颗粒含量测值/%			
	试样含泥量或小于 0.075 mm 颗粒含量平均值/%			
泥块含量	4.75 mm 筛筛余量/g			
	泥块含量试验后烘干试样质量/g			
	集料中黏土泥块含量测值/%			
	集料中黏土泥块含量测定值/%			
备注：				

实验报告

试验题目		成绩	
试验目的和意义			
主要试验步骤			
结论：			

试验十　粗集料密度及吸水率试验（网篮法）

一、目的与适用范围

本方法适用于测定各种粗集料的表观相对密度、表干相对密度、毛体积相对密度、表观密度、表干密度，以及粗集料的吸水率。

二、仪具与材料

（1）浸水电子天平：可悬挂吊篮测定集料的水中质量，称量应满足试样数量称量要求，感量不大于最大称量的 0.05%。

（2）吊篮：耐锈蚀材料制成，直径和高度为 150 mm 左右，四周及底部用 1~2 mm 的筛网编制或具有密集的孔眼。

（3）溢流水槽：在称量水中质量时能保持水面高度一定。

（4）烘箱：能控温在（105±5）℃。

（5）毛巾：纯棉制，洁净，也可用纯棉的汗衫布代替。

（6）温度计。

（7）标准筛。

（8）盛水容器（如搪瓷盘）。

（9）其他：刷子等。

三、操作步骤

（1）将试样用标准筛过筛，以除去其中的细集料，对较粗的集料可用 4.75 mm 筛过筛，对 2.36~4.75 mm 集料，或者混在 4.75 mm 以下石屑中的粗集料，则用 2.36 mm 标准筛过筛，用四分法或分料器缩分至要求的质量，分两份备用。对沥青路面用粗集料，应对不同规格的集料分别测定，不得混杂，所取的每一份集料试样应基本上保持原有的级配。在测定 2.36~4.75 mm 的粗集料时，试验过程中应特别小心，不得丢失集料。

（2）经缩分后供测定密度和吸水率的粗集料质量应符合表 10.1 的规定：

表 10.1　测定密度所需要的试样最小质量

公称最大粒径/mm	4.75	9.5	16	19	26.5	31.5	37.5	63	75
每一份试样的最小质量/kg	0.8	1	1	1	1.5	1.5	2	3	3

（3）将每一份集料试样浸泡在水中，并适当搅动，仔细洗去附在集料表面的尘土和石粉，经多次漂洗干净至水完全清澈为止。清洗过程中不得散失集料颗粒。

（4）取试样一份装入干净的搪瓷盘中，注入洁净的水，水面至少应高出试样 20 mm，轻轻搅动石料，使附着在石料上的气泡完全逸出。在室温下保持浸水 24 h。

（5）将吊篮挂在天平的吊钩上，浸入溢流水槽中，向溢流水槽中注水，水面高度至水槽的溢流孔，将天平调零。吊篮的筛网应保持集料不会通过筛孔流失，对 2.36～4.75 mm 粗集料应更换小孔筛网，或在网篮中加放入一个浅盘。

（6）调节水温在 15～25 ℃ 范围内。将试样移入吊篮中。溢流水槽中的水面高度由水槽的溢流孔控制，维持不变。称取集料的水中质量（m_w）。

（7）提起吊篮，稍稍滴水后，较粗的粗集料可以直接倒在拧干的湿毛巾上。将较细的粗集料（2.36～4.75 mm）连同浅盘一起取出，稍稍倾斜搪瓷盘，仔细倒出余水，将粗集料倒在拧干的湿毛巾上，用毛巾吸走从集料中漏出的自由水。此步骤需特别注意不得有颗粒丢失，或有小颗粒附在吊篮上。再用拧干的湿毛巾轻轻擦干集料颗粒的表面水，至表面看不到发亮的水迹，即为饱和面干状态。当粗集料尺寸较大时，宜逐颗擦干。注意对较粗的粗集料，拧湿毛巾时不要太用劲，防止拧得太干，对较细的含水较多的粗集料，毛巾可拧得稍干些。擦颗粒的表面水时，既要将表面水擦掉，又千万不能将颗粒内部的水吸出。整个过程中不得有集料丢失，且已擦干的集料不得继续在空气中放置，以防止集料干燥。

（8）立即在保持表干状态下，称取集料的表干质量（m_f）。

（9）将集料置于浅盘中，放入（105±5）℃ 的烘箱内烘干至恒重。取出浅盘，放在带盖的容器中冷却至室温，称取集料的烘干质量（m_a）。

（10）对同一规格的集料应平行试验两次，取平均值作为试验结果。

四、结果整理

（1）表观相对密度 γ_a 表干相对密度 γ_s、毛体积相对密度 γ_b 分别按式（10.1）、（10.2）、（10.3）计算至小数点后 3 位。

$$\gamma_a = \frac{m_a}{m_a - m_w} \tag{10.1}$$

$$\gamma_s = \frac{m_f}{m_f - m_w} \tag{10.2}$$

$$\gamma_b = \frac{m_a}{m_f - m_w} \tag{10.3}$$

式中　m_a——集料的烘干质量，g；
　　　m_f——集料的表干质量，g；
　　　m_w——集料的水中质量，g。

（2）集料吸水率烘干试样为基准，按式（10.4）计算，精确至 0.01%。

$$W_x = \frac{m_f - m_a}{m_a} \times 100 \tag{10.4}$$

式中　W_x——粗集料吸水率，%。

（3）粗集料的表现密度 ρ_a、毛体积密度 ρ_b 按式（10.5）、（10.6）、（10.7）计算，精确至小数点后 3 位。

$$\rho_a = \gamma_a \rho_T \tag{10.5}$$

$$\rho_s = \gamma_b \rho_T \tag{10.6}$$

$$\rho_b = \gamma_s \rho_T \tag{10.7}$$

式中　ρ_T——试验温度为 T 时水的密度，g/cm³。

（4）试验结果记录于表 10.2。

重复试验的精度：对表观相对密度、表干相对密度、毛体积相对密度，两次结果相差不得超过 0.02。

表 10.2　粗集料密度及吸水率试验检测记录（网篮法）

工程部位/用途					委托/任务编号			
试验依据					样品编号			
样品描述					样品名称			
试验条件					试验日期			
主要仪器设备及编号								
水温/°C					水的密度 ρ_T/(g/cm³)			
试样名称及规格/mm	试验次数	试样烘干质量/g	试样水中质量/g	试样表干质量/g	毛体积密度/(g/cm³)	平均毛体积密度/(g/cm³)	表观密度/(g/cm³)	平均表现密度/(g/cm³)
	1							
	2							
	1							
	2							
	1							
	2							
	1							
	2							
备注：								

实验报告

试验题目		成绩	
试验目的和意义			
主要试验步骤			
结论：			

试验十一　粗集料堆积密度及空隙率试验

一、目的和适用范围

测定粗集料的堆积密度,包括自然堆积状态、振实状态、捣实状态下的堆积密度,以及堆积状态下的空隙率。

二、仪具与材料

(1)天平或台秤:感量不大于称量的 0.1%。
(2)容量筒:适用于粗集料堆积密度测定的容量筒应符合表 11.1 的要求。
(3)平头铁锹。

表 11.1　容量筒的规格要求

粗集料公称最大粒径/mm	容量筒容积/L	容量筒规格/mm			筒壁厚度/mm
		内径	净高	底厚	
≤4.75	3	155±2	160±2	5.0	2.5
9.5~26.5	10	205±2	305±2	5.0	2.5
31.5~37.5	15	255±5	295±5	5.0	3.0
≥53	20	355±5	305±5	5.0	3.0

(4)烘箱:能控温(105±5)℃。
(5)振动台:频率为(3 000±200)次/min,负荷下的振幅为 0.35 mm,空载时的振幅为 0.5 mm。
(6)捣棒:直径 16 mm、长 600 mm、一端为圆头的钢棒。

三、操作步骤

(1)制作试样。
按规定的方法取样、缩分,质量应满足试验要求,在(105±5)℃的烘箱中烘干,也可以摊在清洁的地面上风干,拌匀后分成两份备用。

(2)自然堆积密度。
取试样 1 份,置于平整干净的水泥地(或铁板)上,用平头铁锹铲起试样,使石子自由落入容量筒内。此时,从铁锹的齐口至容量筒上口的距离应保持为 50 mm 左右,装满容量筒并除去凸出筒口表面的颗粒,并以合适的颗粒填入凹陷空隙,使表面稍凸起部分和凹陷部分的体积大致相等,称取试样和容量筒总质量(m_2)。

(3)振实密度。
按堆积密度试验步骤,将装满试样的容量筒放在振动台上,振动 3 min,或者将试样分 3

层装入容量筒：装完 1 层后，在筒底垫放一根直径为 25 mm 的圆钢筋，将筒按住，左右交替颠击地面各 25 下；然后装入第 2 层，用同样的方法颠实（但筒底所垫钢筋的方向应与第 1 层放置方向垂直）；最后装入第 3 层，如法颠实。待 3 层试样装填完毕后，加料填到试样超出容量筒口，用钢筋沿筒口边缘滚转，刮下高出筒口的颗粒，用合适的颗粒填平凹处，使表面稍凸起部分和凹陷部分的体积大致相等，称取试样和容量筒总质量（m_2）。

（4）捣实密度。

根据沥青混合料的类型和公称最大粒径，确定起骨架作用的关键性筛孔（通常为 4.75 mm 或 2.36 mm 等）。将矿料混合料中此筛孔以上颗粒筛出，以之作为试样，装入符合要求规格的容器中达 1/3 的高度，由边至中用捣棒均匀捣实 25 次。再向容器中装入 1/3 高度的试样，用捣棒均匀地捣实 25 次，捣实深度约至下层的表面。然后重复上一步骤，加最后一层，捣实 25 次，使集料与容器口齐平。用合适的集料填充表面的大空隙，用直尺大体刮平，目测估计表面凸起部分与凹陷部分的容积大致相等，称取容量筒与试样的总质量（m_2）。

（5）容量筒容积的标定。

用水装满容量筒，测量水温，擦干筒外壁的水分，称取容量筒与水的总质量（m_w），并按水的密度对容量筒的容积作校正。

四、结果整理

（1）容量筒的容积按式（11.1）计算。

$$V = \frac{m_w - m_1}{\rho_T} \times 100 \tag{11.1}$$

式中　V ——容量筒的容积，L；
　　　m_1 ——容量筒的质量，kg；
　　　m_w ——容量筒与水的总质量，kg。
　　　ρ_T ——试验温度 T 时水的密度，g/cm³。

（2）堆积密度（包括自然堆积状态、振实状态、捣实状态下的堆积密度）按式（11.2）计算至小数点后 2 位。

$$\rho = \frac{m_2 - m_1}{V} \times 100 \tag{11.2}$$

式中　ρ ——与各种状态相对应的堆积密度，t/m³；
　　　m_1 ——容量筒的质量，kg；
　　　m_2 ——容量筒与试样的总质量，kg；
　　　V ——容量筒的容积，L。

（3）水泥混凝土用粗集料振实状态下的空隙率按式（11.3）计算。

$$V_c = \left(1 - \frac{\rho}{\rho_a}\right) \times 100 \tag{11.3}$$

式中　V_c——水泥混凝土用粗集料的空隙率，%；

　　　ρ_a——粗集料的表观密度，t/m³；

　　　ρ——按振实法测定的粗集料的堆积密度，t/m³。

（4）沥青混合料用粗集料骨架捣实状态下的间隙率按式（11.4）计算。

$$VCA_{DRC} = \left(1 - \frac{\rho}{\rho_b}\right) \times 100 \qquad (11.4)$$

式中　VCA_{DRC}——捣实状态下粗集料骨架空隙率，%；

　　　ρ_b——粗集料的毛体积密度，t/m³；

　　　ρ——按捣实法测定的粗集料的自然堆积密度，t/m³。

（5）试验结果记录于表11.1。

表 11.1　粗集料堆积密度及空隙率试验记录

工程部位/用途										
试验依据					样品编号					
样品描述					样品名称					
试验条件					试验日期					
主要仪器设备及编号										
试样名称及规格/mm	试验次数	筒质量/g	筒与试样堆积状态下总质量/g	筒与试样紧装状态下总质量/g	试样堆积状态下总质量/g	试样紧装状态下总质量/g	筒容积/cm³	堆积密度/(g/cm³)	堆积平均密度/(g/cm³)	紧装密度/(g/cm³)	紧装平均密度/(g/cm³)
	1										
	2										
	堆积状态空隙率/%				紧装状态空隙率/%						
	1										
	2										
	堆积状态空隙率/%				紧装状态空隙率/%						
	1										
	2										
	堆积状态空隙率/%				紧装状态空隙率/%						
备注：										

实验报告

试验题目		成绩	
试验目的和意义			
主要试验步骤			
结论：			

试验十二 粗集料针、片状颗粒含量试验（规准仪法）

一、目的和适用范围

测定粒径小于或等于 37.5 mm 的碎石或卵石中针、片状颗粒的总含量，用以判断该碎石或卵石能否用来配制混凝土。

二、仪具与材料

（1）针状规准仪和片状规准仪，规格及相关划分如表 12.1 所示。

表 12.1 水泥混凝土针、片状试验的粒级划分及相应的规准仪孔宽或间距

粒级（圆孔筛）/mm	4.75～9.5	9.5～16	16～19	19～26.5	26.5～31.5	31.5～37.5
针状规准仪上相对应的立柱之间的间距宽/mm	17.1（B_1）	30.6（B_2）	42.0（B_3）	54.6（B_4）	69.6（B_5）	82.8（B_6）
片状规准仪上相对应的孔宽/mm	2.8（A_1）	5.1（A_2）	7.0（A_3）	9.1（A_4）	11.6（A_5）	13.8（A_6）

（2）天平：称量 2 kg，感量 2 g。

（3）台秤：称量 10 kg，感量 1 g。

（4）筛：孔径分别为 4.75 mm、9.5 mm、16 mm、19 mm、26.5 mm、31.5 mm、37.5 mm，根据需要选用。

三、操作步骤

（1）将试样在室内风干至表面干燥，并用四分法缩分至表 12.2 规定的数量，称量（m_0），然后筛分成所规定的粒级备用。

表 12.2 针、片状试验所需的试样最少质量

公称最大径/mm	9.5	16	19	26.5	31.5	37.5	—	—
试样最小量	0.3	1	2	3	5	10	—	—

（2）按所规定的粒级用规准仪逐粒对试样进行鉴定，凡颗粒长度大于针状规准仪上相应间距者，为针状颗粒，厚度小于片状规准仪上相应孔宽者，为片状颗粒。

（3）称量由各粒级挑出的针状和片状颗粒的总重量 m_1。

四、结果整理

（1）碎石或卵石中针、片状颗粒总含量按式（12.1）计算，精确至 0.1%。

$$Q_e = \frac{m_1}{m_0} \times 100 \qquad (12.1)$$

式中　Q_e——针、片状颗粒总含量，%；

　　　m_1——试样中所含针、片状颗粒的总重，g；

　　　m_0——试样总重量，g。

（2）试验结果记录入表 12.3。

表 12.3　粗集料针片状颗粒含量试验记录

试样名称		委托单编号	
试样规格		试验日期	
试样状态		试验依据	
使用部位		设备编号	
试验次数	试样总质量/g	针片状颗粒质量/g	针片状颗粒含量/%	平均/%
1				
2				

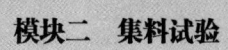 模块二　集料试验

实验报告

试验题目		成绩	
试验目的和意义			
主要试验步骤			
结论：			

试验十三　粗集料压碎指标值试验

一、目的和适用范围

测定碎石或卵石抵抗压碎的能力，以间接地推测其相应的强度。

二、仪具与材料

（1）压力试验机：荷载在 500 kN 以上。
（2）压碎指标值测定仪。
（3）天平或台秤：称量 2~3 kg，感量不大于 1 g。
（4）圆孔筛：孔径分别为 2.36 mm、9.50 mm 和 13.2 mm。
（5）金属筒：圆柱形，内径 112 mm，高 179.4 mm，容积 1 767 cm³。

三、操作步骤

（1）将风干粗集料用 13.2 mm 和 9.5 mm 的标准筛组成的套筛过筛，取 9.5~13.2 mm 的试样 3 组各 3 000 g 备用。
（2）用金属筒确定试样的质量，其方法如下：首先将试样分 3 次（每次数量大致相同）均匀装入金属筒中，每次均将试样表面整平，用金属棒在试样表面均匀捣实 25 次；最后用金属棒作为直刮刀将金属筒的表面刮平。称取金属筒中试样的质量（m_0）（以相同质量的试样进行压碎值的平行试验）。
（3）将确定质量的试样用上述方法装入压碎值仪中，仔细整平表面。
（4）将装好试样的压碎值仪放到压力机上后，再放入加压头，注意使压头摆平，勿楔挤试模侧壁，并几何对中。
（5）开动压力机，均匀地施加压力，使压力在 10 min 左右达到 400 kN，再稳压 5 s。
（6）将压碎值仪从压力机取下，并把试样取出，用手搓散，用 2.36 mm 的标准筛筛分经压碎的试样。
（7）称取通过 2.36 mm 的标准筛的全部细料的质量，精确至 1 g。

四、结果整理

（1）碎石或卵石的压碎指标值按式（13.1）计算，精确至 0.1%。

$$Q_a = \frac{m_1}{m_0} \times 100 \qquad (13.1)$$

式中　　Q_a——压碎指标值，%；

　　　　m_1——试验后通过 2.36 mm 筛孔的细料质量，g；

　　　　m_0——试验前试样质量，g。

（2）以三次试验结果的算术平均值作为压碎指标值的测定值。

（3）试验结果记录入表 13.1。

表 13.1　粗集料压碎值试验检测记录

工程部位/用途		委托/任务编号	
试验依据		样品编号	
样品描述		样品名称	
试验条件		试验日期	
主要仪器设备及编号			

试验次数	试验前试样质量/g	试验后通过 2.36 mm 筛孔的细料质量/g	压碎值/%	平均/%
1				
2				
3				

备注：

实验报告

试验题目		成绩	
试验目的和意义			
主要试验步骤			

结论：

试验十四　粗集料磨耗率试验

一、目的和适用范围

测定粗集料抵抗摩擦、撞击和边缘剪切等联合作用的性能，与单轴抗压强度试验结果共同确定石料等级和适用性。

二、仪具与材料

（1）洛杉矶式磨耗机：圆筒内径（710±5）mm，内侧长（510±5）mm，两端封闭，投料口的钢盖通过紧固螺栓和橡胶垫与钢筒紧闭密封。钢筒的回转速率为 30~33 r/min。

（2）钢球：直径约 46.8 mm，质量为 390~445 g，大小稍有不同，以便按要求组合成符合要求的总质量。

（3）天平：感量 5 g。

（4）标准筛：符合要求的标准筛系列，以及筛孔为 1.7 mm 的方孔筛一个。

（5）烘箱：能使温度控制在（105±5）℃范围内。

（6）搪瓷盘等。

三、操作步骤

（1）将不同规格的集料用水冲洗干净，置烘箱中烘至恒重。

（2）对水泥混凝土集料，按照表 14.1 中规定的粒级组成备料、筛分。

表 14.1　粗集料洛杉矶试验条件

粒度类别	粒级组成（方孔筛）/mm	试样质量/g	试样总质量/g	钢球数量/个	钢球总质量/g	转动次数/r	公称粒径/mm
A	26.5~37.5	1 250±25	5 000±10	12	5 000±25	500	
A	19~26.5	1 250±25	5 000±10	12	5 000±25	500	
A	16~19	1 250±10	5 000±10	12	5 000±25	500	
A	9.5~16	1 250±10	5 000±10	12	5 000±25	500	
B	19~26.5	2 500±10	5 000±10	1	4 850±25	500	15~30
B	16~19	2 500±10	5 000±10	1	4 850±25	500	10~30
B							10~25

续表 14.1

粒度类别	粒级组成（方孔筛）/mm	试样质量/g	试样总质量/g	钢球数量/个	钢球总质量/g	转动次数/r	公称粒径/mm
C	9.5~16	2 500±10	5 000±10	8	3 330±20	500	10~20
							10~15
	4.75~9.5	2 500±10					5~15
							5~10
D	2.36~4.75	5 000±10	5 000±10	6	2 500±15	500	3~10
							3~5
E	63~75	2 500±50	10 000±100	12	5 000±25	1 000	40~75
	53~63	2 500±10					
	37.5~53	5 000±50					40~60
F	37.5~53	5 000±50	10 000±100	12	5 000±25	1 000	30~60
	26.5~37.5	5 000±25					25~50
G	26.5~37.5	5 000±25	10 000±50	12	5 000±25	1 000	20~40
	19~26.5	5 000±25					

（3）分级称量（准确至 5 g），称取总质量（m_1），装入磨耗机的圆筒中。

（4）选择钢球，使钢球的数量及总质量符合表中规定。将钢球加入钢筒中，盖好筒盖，紧固密封。

（5）将计数器调整到零位，设定要求的回转次数，对水泥混凝土集料，回转次数为 500 r，对沥青混合料集料，回转次数应符合表中要求。开动磨耗机，以 30~33 r/min 的转速转动至要求的回转次数为止。

（6）取出钢球，将经过磨耗后的试样从投料口倒入接受器中。

（7）将试样通过 1.7 mm 的方孔筛过筛。

（8）用水冲干净留在筛上的碎石，置（105±5）℃ 的烘箱中烘干至恒重（通常不少于 4 h），准确称量（m_2）。

四、结果整理

（1）碎石或卵石的磨耗值按式（14.1）计算，精确至 0.1%。

$$Q = \frac{m_1 - m_2}{m_1} \times 100 \qquad (14.1)$$

式中 Q——洛杉矶磨耗损失，%；

m_1——装入圆筒中的试样质量，g；

m_2——试验后在 1.7 mm 筛上洗净烘干质量，g。

（2）以两次试验结果的算术平均值作为磨耗值的测定值，两次试验的差值提到不大于2%，否则应重做试验。

（3）试验结果记录于表 14.2。

表 14.2 粗集料磨耗试验记录

试样名称			委托单编号	
试样规格			试验日期	
试样状态			试验依据	
使用部位			设备编号	
试验次数	装入圆筒中试样质量/g	试验后试样质量/g	磨耗损失/%	平均值/%
1				
2				

实验报告

试验题目		成绩	
试验目的和意义			
主要试验步骤			

结论：

试验十五　粗集料筛分试验

一、目的和适用范围

（1）测定粗集料（碎石、砾石、矿渣等）的颗粒组成。对水泥混凝土用粗集料可采用干筛法筛分，对沥青混合料及基层用粗集料必须采用水洗法试验。

（2）本方法也适用于同时含有粗集料、细集料、矿粉的集料混合料筛分，如未筛碎石、级配碎石、天然砂砾、级配砂砾、无机结合料稳定基层材料、沥青拌和楼的冷料混合料、热料仓材料、沥青混合料经溶剂抽提后的矿料等。

二、仪具与设备

（1）试验筛：根据需要选用规定的标准筛。
（2）摇筛机。
（3）天平或台秤：感量不大于试样质量的0.1%。
（4）其他：盘子、铲子、毛刷等。

三、操作步骤

（1）试验准备。
按规定将来料用分料器或四分法缩分至表15.1要求的试样所需量，风干后备用。根据需要可按要求的集料最大粒径的筛孔尺寸过筛，除去超粒径部分颗粒后，再进行筛分。

表15.1　筛分用的试样质量

公称最大粒径/mm	75	63	37.5	31.5	26.5	19	16	9.5	4.75
试样质量不少于/kg	10	8	5	4	2.5	2	1	1	0.5

（2）水泥混凝土用粗集料干筛法试验步骤。

① 取试样一份置（105±5）℃烘箱中烘干至恒重，称取干燥集料试样总质量（m_0），准确至0.1%。

② 用搪瓷盘作为筛分容器，按筛孔大小排列顺序逐个将集料过筛。人工筛分时，需使集料在筛面上同时有水平方向及上下方向的不停顿运动，使小于筛孔的集料通过筛孔，直至1 min内通过筛孔的质量小于筛上残余量的0.1%为止；当采用摇筛机筛分时，应在摇筛机筛分后再逐个由人工补筛。将筛出通过的颗粒并入下一号筛，和下一号筛中的试样一起过筛，顺序进行，直至各号筛全部筛完为止。应确认1 min内通过筛孔的质量确实小于筛上残余量的0.1%。

③ 如果某个筛上的集料过多、影响筛分作业，可以分两次筛分。当筛余颗粒的粒径大于19 mm时，筛分过程中允许用手指轻轻拨动颗粒，但不得逐个塞过筛孔。

④ 称取每个筛上的筛余量，准确至总质量的0.1%。各级分计筛余量及筛底存量的总和

与筛前试样的干燥总质量 m_0 相比，相差不得超过 m_0 的 0.5%。

（3）沥青混合料及基层用粗集料水洗法试验步骤。

① 取一份试样，将试样置（105±5）℃烘箱中烘干至恒重，称取干燥集料试样的总质量（m_3），准确至 0.1%。

② 将试样置于一洁净容器中，加入足够数量的洁净水，将试样全部淹没，但不得使用任何洗涤剂、分散剂或表面活性剂。

③ 用搅棒充分搅动集料，使集料表面洗涤干净，使细粉悬浮在水中，但不得破碎集料或有集料从水中溅出。

④ 根据集料粒径大小选择组成一组套筛，其底部为 0.075 mm 标准筛，上部为 2.36 mm 或 4.75 mm 筛。仔细将容器中混有细粉的悬浮液倒出，经过套筛流入另一容器中，尽量不将粗集料倒出，以免损坏标准筛筛面。

⑤ 重复上述步骤，直至倒出的水洁净为止，必要时可采用水流缓慢冲洗。

⑥ 在确保细粉不散失的前提下，小心泌去搪瓷盘中的积水，将搪瓷盘连同集料一起置（105±5）℃烘箱中烘干至恒重，称取干燥集料试样的总质量（m_4），准确至 0.1%。以 m_3 与 m_4 之差作为 0.075 mm 的筛下部分。

⑦ 将回收的干燥集料按干筛法筛分出 0.075 mm 筛以上各筛的筛余量，此时 0.075 mm 筛下的部分应为 0，如果尚能筛出，则应将其并入水洗得到的 0.075 mm 的筛下部分，且表示水洗得不干净。

四、结果整理

（1）干筛法筛分结果的计算。

① 损耗率按式（15.1）计算。

$$m_5 = m_0 - (\sum m_i + m_{底}) \tag{15.1}$$

式中　m_5——由于筛分造成的损耗，g；

　　　m_0——用于干筛的干燥集料总质量，g；

　　　m_i——各号上的分计筛余，g；

　　　$m_{底}$——筛底集料质量，%。

② 分计筛余百分率按式（15.2）计算。

$$P_i = \frac{m_i}{m_0 - m_5} \times 100 \tag{15.2}$$

式中　P_i——各号筛上分计筛余百分率，%；

　　　m_i——各号筛上分计筛余，g；

　　　m_0——干燥集料总质量，g；

　　　m_5——损耗质量，g。

③ 累计筛余百分率按式（15.3）计算。

$$P = \sum P_i \tag{15.3}$$

④ 计算通过率。

各号筛的质量通过百分率等于 100 减去该号筛累计筛余百分率。若损耗率大于 0.3%，应重新进行试验；试验结果以两次试验的平均值表示，精确至 0.1%。当两次试验结果 $P_{0.075}$ 的差值超过 1% 时，试验应重新进行。

（2）水筛法筛分结果的计算。

① 按式（15.4）计算粗集料中 0.075 mm 筛下部分质量 $m_{0.075}$ 和含量 $P_{0.075}$，其中 $P_{0.075}$ 精确至 0.1%，当两次试验结果 $P_{0.075}$ 的差值超过 1%，试验应重新进行。

$$\left. \begin{array}{l} m_{0.075} = m_3 - m_4 \\ P_{0.075} = \dfrac{m_{0.075}}{m_3} = \dfrac{m_3 - m_4}{m_3} \times 100 \end{array} \right\} \quad (15.4)$$

② 按式（15.5）计算筛分时的损耗，若损耗大于 0.3%，应重新进行试验。

$$m_5 = m_3 - \left(\sum M_i + m_{0.075} \right) \quad (15.5)$$

③ 计算其他各筛的分计筛余百分率、累计筛余百分率、质量通过百分率，计算方法同干筛法相同。

（3）水筛法试验结果记录于表 15.2，干筛法试验结果记录于表 15.3。

表 15.2 粗集料筛分试验检测记录（水筛法）

工程部位/用途						委托编号				
试验依据						样品编号				
样品描述						样品名称				
试验条件						试验日期				
主要仪器设备及编号										
干燥试样总量/g	第 1 组					第 2 组				平均
水洗后筛上总量/g										
水洗后 0.075 mm 筛下量/g										
0.075 mm 通过率/%										
筛孔尺寸/mm	筛上质量/g	分计筛余/%	累计筛余/%	通过百分率/%	筛上质量/g	分计筛余/%	累计筛余/%	通过百分率/%	通过百分率/%	
31.5										
26.5										
19										
16										
13.2										
9.5										
4.75										
2.36										
1.18										

续表 15.2

筛孔尺寸/mm	筛上质量/g	分计筛余/%	累计筛余/%	通过百分率/%	筛上质量/g	分计筛余/%	累计筛余/%	通过百分率/%	通过百分率/%
0.6									
0.3									
0.15									
0.075									
筛底/g									
干筛后总质量/g									
损耗/g									
损耗率/%									
扣除损耗后总质量/g									

注：如筛底 $m_底$ 的值不是 0，应将其并入 $m_{0.075}$ 中重新计算 $P_{0.075}$。

表 15.3 粗集料筛分试验检测记录表（干筛法）

工程部位/用途						委托/任务编号				
试验依据						样品编号				
样品描述						样品名称				
试验条件						试验日期				
主要仪器设备及编号										
干燥试样总质量/g		第1组				第2组				平均
筛孔尺寸/mm	筛上质量/g	分计筛余/%	累计筛余/%	通过百分率/%		筛上质量/g	分计筛余/%	累计筛余/%	通过百分率/%	通过百分率/%
筛底/g										
干筛后总质量/g										
损耗/g										
损耗率/%										
备注：										

实验报告

试验题目		成绩	
试验目的和意义			
主要试验步骤			
结论：			

模块三　水泥混凝土和砂浆试验

试验十六　水泥混凝土拌和物稠度试验（坍落度仪法）

一、目的和适用范围

坍落度为表示混凝土拌和物稠度的一种指标，测定的目的是判定混凝土稠度是否满足要求，同时作为配合比调整的依据；本试验适用于坍落度大于 10 mm、集料公称最大粒径不大于 31.5 mm 的混凝土。

二、仪具与材料

（1）坍落度筒：坍落度筒为铁板制成的截头圆锥筒，厚度不小于 1.5 mm，内侧平滑，没有铆钉头之类的突出物，在筒上方约 2/3 高度处有两个把手，近下端两侧焊有两个踏脚板，保证坍落度筒可以稳定操作。

（2）捣棒：直径 16 mm、长约 600 mm 并具有半球形端头的钢质圆棒。

（3）其他：小铲、木尺、小钢尺、镘刀和钢平板等。

三、操作步骤

（1）试验前将坍落筒内外洗净，放在经水润湿过的平板上（平板吸水时应垫以塑料布），踏紧踏脚板。

（2）将代表样分三层装入筒内，每层装入高度稍大于筒高的 1/3，用捣棒在每一层的横截面上均匀插捣 25 次，插捣在全部面积上进行，沿螺旋线由边缘至中心，插捣底层时插至底部，插捣其他两层时，应插透本层并插入下层约 20~30 mm，插捣须垂直压下（边缘部分除外），不得冲击。

在插捣顶层时，装入的混凝土应高出坍落筒口，插捣过程随时添加拌和物，当顶层插捣完毕后，将捣棒用锯和滚的动作，以清除掉多余的混凝土，用镘刀抹平筒口，刮净筒底周围的拌和物，而后立即垂直地提起坍落筒，提筒在 5~10 s 内完成，并使混凝土不受横向及扭力作用，从开始装筒至提起坍落筒的全过程，不应超过 150 s。

（3）将坍落筒放在锥体混凝土试样一旁，筒顶平放木尺，用小钢尺量出木尺底面至试样顶面的最高点的垂直距离，即为该混凝土拌和物的坍落度，精确至 1 mm。

（4）当混凝土试件的一侧发生崩塌或一边剪切破坏，则应重新取样另测。如果第二次仍发生上述情况，则表示该混凝土和易性不好，应记录。

（5）当混凝土拌和物的坍落度大于 220 mm 时，用钢尺测量混凝土扩展后最终的最大直径和最小直径，在两个直径之差小于 50 mm 条件下，用其算数平均值作为坍落扩展度值；否则，试验无效。

（6）测定坍落度的同时，可用目测方法评定混凝土拌和物的下列性质，并予以记录。

① 棍度：按插捣混凝土拌和物时难易程度评定，分"上""中""下"三级。其中，"上"表示插捣容易；"中"表示插捣时稍有石子阻滞的感觉；"下"表示很难插捣。

② 含砂情况：按拌和物外观含砂多少而评定，分"多""中""少"三级。其中，"多"表示用镘刀抹拌和物表面时，一两次即可使拌和物表面平整无蜂窝；"中"表示抹五、六次才可使表面平整无蜂窝；"少"表示抹面困难，不易抹平，有空隙及石子外露等现象。

③ 黏聚性：观测拌和物各组成分相互黏聚情况，评定方法用捣棒在已坍落的混凝土锥体一侧轻打，如锥体在轻打后渐渐下沉，表示黏聚性良好，如锥体突然倒坍，部分崩裂或发生石子离析现象，即表示黏聚性不好。

④ 保水性：指水分从拌和物中析出情况，分"多量""少量""无"三级评定。其中，"多量"表示提起坍落度筒后，有较多水分从底部析出；"少量"表示提起坍落度筒后，有少量水分从底部析出；"无"表示提起坍落度筒后，没有水分从底部析出。

四、结果整理

（1）混凝土拌和物坍落度和坍落扩展度值以 mm 为单位测量，精确至 1 mm，结果修约至最接近的 5 mm。

（2）试验结果记录于表 16.1。

表 16.1　水泥混混凝土拌和物稠度试验记录

委托单位		委托单编号	
工程名称		试验日期	
试验规程		报告日期	
依据标准		设备编号	
环境温度/ °C		环境湿度/%	
搅拌方式			
粗集料种类及规格		粗集料产地	
细集料种类及规格		细集料产地	
水泥品牌		水泥生产厂家	
水泥品种及标号		水泥编号及日期	
外加剂生产厂家		外加剂种类	
混凝土配合比为：			

续表 16.1

试验次数	坍落度或坍落扩展度值/mm	棍 度	含砂情况	粘聚性	保水性
1					
2					
平 均					

备注：

实验报告

试验题目		成绩	
试验目的和意义			
主要试验步骤			

结论：

试验十七　水泥混凝土拌和物表观密度试验

一、目的和适用范围

本方法规定了水泥混凝土拌和物表观密度测定的试验步骤。

本方法适用于测定水泥混凝土拌和物捣实后的密度，以备修正、核实水泥混凝土配合比计算中的材料用量。当已知所用原材料密度时，还可以计算出拌和物近似含气量。

二、仪具与材料

（1）试样筒：试样筒为刚性金属圆筒，两侧装有把手，筒壁坚固且不漏水。对集料公称最大粒径不大于 31.5 mm 的拌和物采用 5 L 试样筒，其内径与内高均为（186±2）mm，壁厚为 3 mm。对集料公称最大粒径大于 31.5 mm 的拌和物所采用的试样筒，其内径与内高均应大于集料公称最大粒径的 4 倍。

（2）弹头形捣棒：同坍落度试验捣棒。

（3）磅秤：称量 100 kg，感量 50 kg。

（4）其他：震动台、金属直尺、镘刀、玻璃板等。

三、操作步骤

（1）试验前用湿布将试样筒内外擦拭干净，称出质量（m_1），精确至 50 g。

（2）当坍落度不小于 70 mm 时，宜用人工捣固：

① 对于 5 L 试样筒，可将混凝土拌和物分两层装入，每层插捣次数为 25 次。

② 对于大于 5 L 的试样筒，每层混凝土高度不应大于 100 mm，每层插捣次数按每 10 000 mm² 截面不小于 12 次计算。用捣棒从边缘到中心沿螺旋线均匀插捣。捣棒应垂直压下，不得冲击，捣底层时应至筒底，捣上两层时，须插入其下一层约 20～30 mm。每捣完一层，应在量筒外壁拍打 5～10 次，直至拌和物表面不出现气泡为止。

（3）当坍落度小于 70 mm 时，宜用振动台振实，应将试样筒在振动台上夹紧，一次将拌和物装满试样筒，立即开始振动，振动过程中如混凝土低于筒口，应随时添加混凝土，振动直至拌和物表面出现水泥浆为止。

（4）用金属直尺齐筒口刮去多余的混凝土，用镘刀抹平表面，并用玻璃板检验，而后擦净试样筒外部并称其质量（m_2），精确至 50 g。

四、结果整理

（1）按式（17.1）计算拌和物表观密度 ρ_h。

$$\rho_h = \frac{m_2 - m_1}{V} \times 1\,000 \tag{17.1}$$

式中 ρ_h——拌和物表观密度，kg/m³；

　　　m_1——试样筒质量，kg；

　　　m_2——捣实或振实后混凝土和试样筒总质量，kg；

　　　V——量筒容积，L。

（2）以两次试验结果的算术平均值作为测定值，精确到 10 kg/m³，试样不得重复使用。

注：应经常校正试样筒容积。将干净的试样筒和玻璃板合并称其质量，再将试样筒加满水，盖上玻璃板，勿使筒内存有气泡，擦干外部水分，称出水的质量，即为试样筒容积。

（3）试验结果记录入表 17.1。

表 17.1　水泥混混凝土拌和物表观密度试验记录

委托单位			委托单编号		
工程名称			试验日期		
试验规程			报告日期		
依据标准			设备编号		
环境温度/℃			环境湿度/%		
搅拌方式					
粗集料种类及规格			粗集料产地		
细集料种类及规格			细集料产地		
水泥品牌			水泥生产厂家		
水泥品种及标号			水泥编号及日期		
外加剂生产厂家			外加剂种类		
混凝土配合比为：					
水灰比	砂率/%	材料用量/(kg/m³)			
		粗集料1	粗集料2	细集料	水泥	掺合料	外加剂
试验次数		1		2		
容器筒质量/kg						
混凝土及筒总质量/kg						
容器筒容积/L						
混凝土质量/kg						
混凝土密度/(kg/m³)						
混凝土平均密度/(kg/m³)						
备注：						

实验报告

试验题目		成绩	
试验目的和意义			
主要试验步骤			
结论:			

试验十八　水泥混凝土立方体抗压强度试验

一、目的和适用范围

本试验规定了测定混凝土抗压极限强度的方法，以确定混凝土的强度等级，作为评定混凝土品质的主要指标。

二、仪具与材料

（1）压力机或万能试验机：应符合 T 0551（JTGE 30—2005）中 2.3 的规定。
（2）球座：应符合 T 0551（JTGE 30—2005）的 2.4 规定。
（3）混凝土强度等级大于等于 C60 时，试验机上、下压板之间应各垫一钢垫板，平面尺寸应不小于试件的承压面，其厚度至少为 25 mm。钢垫板应机械加工，其平面度允许偏差 ± 0.04 mm；表面硬度大于等于 55 HRC；硬化层厚度约 5 mm。试件周围应设置防崩裂网罩。

三、试件制备和养护

（1）试件制备和养护应符合 T 0551（JTGE 30—2005）中相关规定。
（2）混凝土抗压强度试件尺寸符合 T 0551（JTGE 30—2005）中表 T0551-1 规定。
（3）集料公称最大粒径符合 T 0551（JTGE 30—2005）中表 T 0551-1 规定。
（4）混凝土抗压强度试件应同龄期者为一组，每组为 3 个同条件制作和养护的混凝土试块。

四、操作步骤

（1）试件养护至试验龄期，自养护室取出，应尽快试验，避免其湿度变化。
（2）检查试件尺寸及形状，相对两面应平行。量出棱边长度，精确至 1 mm。试件受力截面积按其与压力机上下接触面的平均值计算。在破型前，保持试件原有湿度，在试验时擦干试件。
（3）以成型时侧面为上下受压面，试件中心应与压力机几何对中。
（4）强度等级小于 C30 的混凝土取 0.3 ~ 0.5 MPa/s 的加荷速度；强度等级大于 C30 小于 C60 时，则取 0.5 ~ 0.8 MPa/s 的加荷速度；强度等级大于 C60 的混凝土取 0.8 ~ 1.0 MPa/s 的加荷速度。当试件接近破坏而开始迅速变形时，应停止调整试验机油门，直至试件破坏，记下破坏极限荷载 F（N）。

五、结果整理

（1）混凝土立方体试件抗压强度按式（18.1）计算。

$$f_{cu} = \frac{F}{A} \tag{18.1}$$

式中　f_{cu}——混凝土立方体抗压强度，MPa；
　　　F——极限荷载，N；
　　　A——受压面积，mm^2。

（2）以3个试件测值的算术平均值为测定值，计算精确至0.1 MPa。三个测值中的最大值或最小值中如有一个与中间值之差超过中间值的15%，则取中间值为测定值；如最大值和最小值与中间值之差均超过中间值的15%，则该组试验结果无效。

（3）混凝土强度等级小于C60时，非标准试件的抗压强度应乘以尺寸换算系数，并应在报告中注明。当混凝土强度等级大于等于C60时，宜用标准试件，使用非标准试件时，换算系数由试验确定，按表18.1选用。

表 18.1　抗压强度尺寸换算系数

试件尺寸/mm	100×100×100	150×150×150	200×200×200
换算系数	0.95	1.00	1.05
骨料最大粒径/mm	30	40	60

（4）试验结果记录于表18.2。

表 18.2　混凝土抗压强度试验记录

试样名称									委托单编号			
试样规格									试验日期			
试样状态									试验依据			
使用部位									设备编号			

试样编号	工程部位	制件日期	试验日期	龄期/天	试件尺寸/mm				破坏荷载/N	抗压强度/MPa		设计标号
					L_1	L_2	L_3	L_4	面积/mm^2		单独值	代表值	

模块三 水泥混凝土和砂浆试验

实验报告

试验题目		成绩	
试验目的和意义			
主要试验步骤			
结论：			

试验十九 水泥混凝土抗弯拉强度试验

一、目的和适用范围

（1）本试验规定了测定水泥混凝土抗弯拉极限强度的方法，以提供设计参数，检查水泥混凝土施工品质和确定抗弯拉弹性模量试验加荷标准。

（2）本方法适用于各类水泥混凝土棱柱体试件。

二、仪具与材料

（1）压力机或万能试验机：应符合 T 0551（JTGE30—2005）中 2.3 的规定。

（2）抗弯拉试验装置（即三分点处双点加荷和三点自由支承式混凝土抗弯拉强度与抗弯拉弹性模量试验装置）。

三、试件制备和养护

（1）试件尺寸应符合 T 0551（JTGE 30—2005）中表 T 0551-1 的规定，同时在试件长向中部 1/3 区段内表面不得有直径超过 5 mm、深度超过 2 mm 的孔洞。

（2）混凝土抗弯拉强度试件应取同龄期者为一组，每组 3 根同条件制作和养护的试件。

四、操作步骤

（1）试件取出后，用湿毛巾覆盖并及时进行试验，保持试件干湿状态不变。在试件中部量出其宽度和高度，精确至 1 mm。

（2）调整两个可移动支座，将试件安放在支座上，试件成型时的侧面朝上，几何对中后，务必使支座及承压面与活动船形垫块的接触面平稳、均匀，否则应垫平。

（3）加荷时，应保持均匀、连续。当混凝土的强度等级小于 C30 时，加荷速度为 0.02～0.05 MPa/s；当混凝土的强度等级大于等于 C30 且小于 C60 时，加荷速度为 0.05～0.08 MPa/s；当混凝土的强度等级大于等于 C60 时，加荷速度为 0.08～0.10 MPa/s。当试件接近破坏而开始迅速变形时，不得调整试验机油门，直至试件破坏，记下破坏极限荷载 F（N）。

（4）记录下最大荷载和试件下边缘断裂的位置。

五、结果整理

（1）当断面发生在两个加荷点之间时，抗折强度按式（19.1）计算。

$$f_\text{f} = \frac{FL}{bh^2} \tag{19.1}$$

式中　f_f——抗弯拉强度，MPa；
　　　F——极限荷载，N；
　　　L——支座间距离，mm；
　　　b——试件宽度，mm；
　　　h——试件高度，mm。

（2）以 3 个试件测值的算术平均值为测定值。3 个试件中最大值或最小值中如有一个与中间值之差超过中间值的 15%，则把最大值和最小值舍去，以中间值作为试件的抗弯拉强度；如最大值和最小值与中间值之差值均超过中间值 15%，则该组试验结果无效。

3 个试件中如有一个断裂面位于加荷点外侧，则混凝土抗弯拉强度按另外两个试件的试验结果计算。如果这两个测值的差值不大于这两个测值中较小值的 15%，则以两个测值的平均值为测试结果，否则结果无效。

如果有两根试件均出现断裂面位于加荷点外侧，则该组结果无效。

注： 断面位置在试件断块短边一侧的底面中轴线上量得。

抗弯拉强度计算精确到 0.01 MPa。

（3）采用 100 mm×100 mm×400 mm 非标准试件时，在三分点加荷的试验方法同前，但所取得的抗弯拉强度值应乘以尺寸换算系数 0.85。当混凝土强度等级大于等于 C60 时应采用标准试件。

（4）试验结果记录于表 19.1。

表 19.1　混凝土抗弯拉强度试验记录

试样名称												
试样规格							委托单编号					
试样状态							试验日期					
使用部位							试验依据					

试样编号	工程部位	制件日期	试验日期	龄期/天	试件尺寸/mm					破坏荷载/N	抗弯拉强度/MPa		设计标号
					b_1	b_2	b	h_1	h_2	h		单独值	代表值	

实验报告

试验题目		成绩	
试验目的和意义			
主要试验步骤			
结论:			

试验二十　水泥砂浆稠度试验

一、目的和适用范围

确定砂浆的配合比或施工工程中控制砂浆的稠度,以达到控制用水量的目的。

二、仪具与材料

(1)砂浆稠度仪;
(2)钢制捣棒:直径 10 mm,长 350 mm,端部磨圆;
(3)秒表。

三、操作步骤

(1)用少量润滑油轻擦滑杆,再将滑杆上多余的油用吸油纸擦净,使滑杆能自由滑动。
(2)用湿布擦净盛浆容器和试锥表面,将砂浆拌和物一次装入容器,使砂浆表面低于容器口约 10 mm。用捣棒自容器中心向边缘均匀地插捣 25 次,然后轻轻地将容器摇动或敲击 5~6 下,使砂浆表面平整,然后将容器置于稠度测定仪的底座上。
(3)拧松制动螺丝,向下移动滑杆,当试锥尖端与砂浆表面刚接触时,拧紧制动螺丝,使齿条侧杆下端刚接触滑杆上端,读出刻度盘上的读数(精确至 1 mm)。
(4)拧松制动螺丝,同时计时间,10 s 时立即拧紧螺丝,将齿条测杆下端接触滑杆上端,从刻度盘上读出下沉深度(精确至 1 mm),二次读数的差值即为砂浆的稠度值。
(5)盛装容器内的砂浆,只允许测定一次稠度,重复测定时,应重新取样测定。

四、结果整理

(1)取两次试验结果的算术平均值,精确至 1 mm;
(2)如两次试验值之差大于 10 mm,应重新取样测定。
(3)试验结果记录于表 20.1。

表 20.1　水泥砂浆稠度试验记录

试样名称				委托单编号		
试样规格				试验日期		
试样状态				试验依据		
使用部位				设备编号		
试样编号	拌和 6 kg 砂浆各材料用量/kg			砂浆稠度/mm		
	水泥	砂	水	测定值		
1						
2						
结论:						

实验报告

试验题目		成绩	
试验目的和意义			
主要试验步骤			

结论:

试验二十一 水泥砂浆立方体抗压强度试验

一、目的和适用范围

（1）本试验规定了测定水泥砂浆抗压极限强度的方法，以确定水泥砂浆的强度等级，作为评定水泥砂浆品质的主要指标。

（2）本试验适用于各类水泥砂浆的 70.7 mm × 70.7 mm × 70.7 mm 立方体试件。

二、仪具与材料

（1）试模为 70.7 mm × 70.7 mm × 70.7 mm 立方体，由铸铁或钢制成，应具有足够的刚度并拆装方便。试模的内表面应机械加工，其不平度应为每 100 mm 不超过 0.05 mm，组装后各相邻面的不垂直度不应超过 ±0.5°。

（2）捣棒：直径 10 mm、长 350 mm 的钢棒，端部应磨圆。

（3）压力试验机：符合相关规范中压力机的要求。

（4）垫板：试验机上、下压板及试件之间可垫以钢垫板，垫板的尺寸应大于试件的承压面，其不平度应为每 100 mm 不超过 0.02 mm。

三、试件制备及养护

（1）制作砌筑砂浆试件时，将无底试模放在普通黏土砖上（砖的吸水率不小于10%，含水率不大于2%），试模内壁事先涂刷薄层机油或脱模剂。

（2）使用前预先在普通黏土砖上铺上吸水性较好的纸，如湿的新闻纸（或其他未粘过胶凝材料的纸），纸的大小要以能盖过砖的四边为准。砖的使用面要求平整，凡砖四个垂直面粘过水泥或其他胶结材料后，不允许再使用。

（3）向试模内一次注满砂浆，用捣棒均匀由外向里按螺旋方向插捣25次，为了防止低稠度砂浆插捣后可能留下孔洞，允许用油灰刀沿模壁插数次，使砂浆高出试模顶面 6 ~ 8 mm。

（4）当砂浆表面开始出现麻斑状态时（约 15 ~ 30 min），将高出部分的砂浆沿试模顶面削去抹平。

（5）试件制作后应在（20±5）℃温度环境下放置一昼夜[（24±2）h]，当气温较低时，可适当延长时间，但不应超过两昼夜，然后对试件进行编号并拆模。试件拆模后，应在标准养护条件下继续养护至 28 d，然后进行试压。

（6）标准养护条件：

① 水泥混合砂浆：标准养护的条件为温度（20±2）℃，相对湿度 60% ~ 80%。

② 水泥砂浆和微沫砂浆：标准养护的条件为温度（20±2）℃，相对湿度 95% 以上。

③ 养护期间，试件彼此间隔 10 mm 以上。

四、操作步骤

（1）试件从养护地点取出后，应尽快进行试验，以免试件内部的温、湿度发生显著变化。先将试件擦拭干净，测量尺寸，并检查其外观。试件尺寸测量精确至 1 mm，如果实测尺寸与公称尺寸之差不超过 1 mm，按公称尺寸进行计算。

（2）将试件安放在试验机的下压板上（或下垫板上），试件的承压面应与成型时的顶面垂直，试件中心应与试验机下压板（或下垫板）中心对准。

开动试验机，当上压板与试件（或下垫板）接近时，调整球座，使接触面均衡受压。承压试验应连续而均匀加荷，加荷速度为 0.5~5 kN/s（砂浆强度 5 MPa 及 5 MPa 以下时，取下限为宜，砂浆强度 5 MPa 以上取上限为宜），保持试验机油门，直至试件破坏。

五、结果整理

（1）砂浆立方体抗压强度按式（21.1）计算。

$$f_{m,cu} = \frac{F_u}{A} \tag{21.1}$$

式中　$f_{m,cu}$——砂浆立方体抗压强度，MPa；

　　　F_u——破坏荷载，N；

　　　A——试件承压面积，mm²。

（2）结果处理。

以 6 个试件的算术平均值作为该组试件的抗压强度，精确至 0.1 MPa。

（3）试验结果记录入表 21.1。

表 21.1　水泥砂浆抗压强度试验记录

试样名称									委托单编号			
试样规格									试验日期			
试样状态									试验依据			
使用部位									设备编号			
试样编号	工程部位	制作日期	试验日期	龄期/天	试件尺寸/mm				承压面积/mm²	破坏荷载/N	抗压强度/MPa		设计标号
					L_1	L_2	L_3	L_4			单独值	代表值	

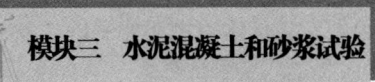

续表 21.1

试样编号	工程部位	制件日期	试验日期	龄期/天	试件尺寸/mm				承压面积/mm²	破坏荷载/N	抗压强度/MPa		设计标号
					L_1	L_2	L_3	L_4			单独值	代表值	

实验报告

试验题目		成绩	
试验目的和意义			
主要试验步骤			

结论：

模块四 无机胶凝材料、无机结合料稳定材料试验

试验二十二 石灰有效氧化钙和氧化镁含量简易测定试验

一、目的适用范围

本试验方法适用于氧化镁含量在5%以下的低镁石灰。

二、仪具与材料

（1）筛子：0.15 mm，1个；烘箱50～250 ℃，1台；干燥器：直径25 cm，1个；称量瓶：直径30 mm×50 mm，10个。瓷研钵：直径12～13 cm，1个；分析天平：万分之一，1台。

（2）电子天平：感量0.01 g，1台；电炉：1 500 W，1个；石棉网：20 cm×20 cm，1块；玻璃珠：直径3 mm，1袋（0.25 kg）；漏斗：短颈，3个；塑料洗瓶，1个；塑料桶：20 L，1个；下口蒸馏水瓶：5 000 mL，1个。

（3）三角瓶：300 mL，10个；容量瓶：1 000 mL，1个；量筒：200 mL、5 mL，各1个；试剂瓶：1 000 mL，5个；（4）滴瓶：60 mL，3个；酸式滴定管，50 mL，2个；大肚移液管：25 mL、50 mL，各1个；玻璃棒：8 mm×250 mm 及 4 mm×180 mm 各10支；试剂勺：5个；吸水管：8 mm×150 mm，5支；洗耳球：大、小1个。

（4）滴瓶：60 mL，3个；酸式滴定管：50 mL，2个；大肚移液管：25 mL、50 mL 各1个；玻璃棒：8 mm×250 mm 及 4 mm×180 mm 各10支；试剂勺：5个；吸水管：8 mm×150 mm，5支；洗耳球：大、小1个。

三、试 剂

（1）盐酸标准液。

① 1 mol·L^{-1} 盐酸的制备。取83 mL（相对密度 1.19）浓盐酸以蒸馏水稀释至1 000 mL溶液。

② 当量浓度的标定：称取已在180 ℃烘干2 h的碳酸钠1.5～2.0 g（准确至0.000 1 g），记录为m_0，置于250 mL三角瓶中，加100 mL水使其完全溶解；然后加入2～3滴0.1%的甲基橙指示剂，记录滴定管中待标定的盐酸标准溶液初始体积V_1，用待标定的盐酸标准溶液

滴定，至碳酸钠溶液由黄色变为橙红色；将溶液加热至沸，并保持微沸 3 min，然后放在冷水中冷却至室温，如此时橙红色变为黄色，则再用盐酸标准溶液滴定，至溶液出现稳定橙红色时为止，记录滴定管中盐酸溶液体积 V_2。V_1、V_2 的差值即为盐酸标准溶液的消耗量 V。容量浓度按式（22.1）计算。

$$N = \frac{m_0}{0.053V} \tag{22.1}$$

式中 N——盐酸标准溶液的当量浓度；
　　　m_0——碳酸钠的质量；
　　　V——消耗盐酸标准溶液的体积。

（2）1% 酚酞指示剂。

四、操作步骤

（1）制作生石灰试样。将生石灰样品打碎，使颗粒不大于 1.18 mm，拌和均匀后用四分法缩减至 200 g 左右，放入瓷研钵中研细；再经四分法缩减几次至剩下 20 g 左右。研磨所得石灰样品，使通过 0.15 mm 的筛；从细样中均匀挑取 10 余克，置于称量瓶中在 105 ℃ 烘箱中烘至恒量（1 h），贮于干燥器中，供试验用。

（2）制作消石灰试样。将消石灰样品用四分法缩减至 10 余克（如有大颗粒存在须在瓷研钵中磨细至无不均匀颗粒存在为止），置于称量瓶中在 105 ℃ 烘箱中烘至恒量（1 h），贮于干燥器中，供试验用。

（3）迅速称取石灰试样 0.8～1.0 g（准确至 0.000 1 g），记录试样质量 m，放入 300 mL 三角瓶中，加入 150 mL 新煮沸并已冷却的蒸馏水和 10 颗玻璃珠。

（4）瓶口上插一短颈漏斗，加热 5 min，但勿使沸腾，放入冷水中迅速冷却。

（5）向三角瓶中滴入酚酞指示剂 2 滴，记录滴定管中盐酸标准溶液体积 V_3，在不断摇动下以盐酸标准液滴定，控制速度为每秒 2～3 滴，至粉红色完全消失，稍停，又出现红色，继续滴入盐酸，如此重复几次直至 5 min 内不出现红色为止，记录滴定管中盐酸标准溶液体积 V_4。V_3、V_4 的差值即为盐酸标准溶液的消耗量 V_5。

（6）如滴定过程持续 30 min 以上，则结果只能作为参考。

五、结果整理

（1）有效氧化钙和氧化镁含量 X 按式（22.2）计算。

$$X = \frac{0.028 V_5 N}{m} \times 100 \tag{22.2}$$

式中 X——有效氧化钙和氧化镁含量；
　　　V_5——滴定消耗盐酸标准溶液体积；
　　　N——盐酸标准溶液的当量浓度；

m——石灰试样质量；

0.028——氧化钙的毫克当量（因氧化镁含量很少，故有效氧化钙和氧化镁的毫克当量都以氧化钙的毫克当量计算）。

（2）对同一石灰样品至少应做两个试样和进行两次测定，并取两次测定结果的平均值代表最终结果。

（3）试验结果记录入表22.1。

表22.1 石灰钙镁含量试验检测记录

工程部位/用途							委托编号		
试验依据							样品编号		
样品描述							试验日期		
试验条件							样品名称		
主要仪器设备及编号									
试样编号	石灰等级	试样质量/g	盐酸滴定		盐酸用量 $V_5=V_3-V_4$ /mL	盐酸当量浓度 N	含量 $X=\dfrac{0.028V_5 N}{m}\times 100$	含量平均值
			初读数 V_3/mL	末读数 V_4/mL				
备注：									

实验报告

试验题目		成 绩	
试验目的和意义			
主要试验步骤			
结论：			

试验二十三 水泥细度检验方法（80 μm 筛筛析法）

一、目的和使用范围

本方法适用于矿渣硅酸盐水泥、粉煤灰硅酸盐水泥、火山灰硅酸盐水泥、复合硅酸盐水泥及指定采用本方法的其他品种水泥。

二、仪具与材料

（1）试验筛。

① 试验筛由圆形筛框和筛网组成，负压筛应附有透明筛盖，筛盖（与筛上口应有良好的密封性。

② 筛网应紧绷在筛框上，筛网和筛框接触处，应用防水胶密封，防止水泥嵌入。

（2）负压筛析仪。

① 负压筛析仪由筛座、负压筛、负压源及收尘器组成，其中筛座由转速（30±2）r/min 的喷气嘴、负压表、控制板、微电机及壳体等部分组成。

② 筛析仪负压可调范围为 4 000~6 000 Pa。

③ 喷气嘴上口平面与筛网之间距离为 2~8 mm。

④ 负压源和收尘器，由功率≥600 W 的工业吸尘器和小型旋风收尘筒等组成或用其他具有相当功能的设备。

（3）天平。量程应不大于 100 g，感量不大于 0.05 g。

三、样品处理

水泥样品应充分拌匀，通过 0.9 mm 方孔筛，记录筛余物物情况，要防止过筛时混进其他水泥。

四、操作步骤

（1）筛析试验前，应把负压筛放在筛座上，盖上筛盖，接通电源，检查控制系统，调节负压至 4 000~6 000 Pa 范围内。

（2）称取试样 25 g，置于洁净的负压筛中，放在筛座上，盖上筛盖，开动筛析仪连续筛析 2 min，在此期间如有试样附着在筛盖上，可轻轻地敲击筛盖使试样落下。筛毕，用天平称量筛余物。

（3）工作负压小于 4 000 Pa 时，应清理吸尘器内水泥，使负压恢复正常。

五、结果整理

(1) 水泥试样筛余百分数按式(23.1)所示。

$$F = \frac{R_s}{m} \times 100 \tag{23.1}$$

式中　F——水泥试样的筛余百分数,%,精确到0.1%;
　　　R_s——水泥筛余物的质量,g;
　　　m——水泥试样的质量,g。

(2) 筛余结果的修正。

为使试验结果可比,应采用试验筛修正系数方法来修正上式的计算结果。修正系数的测定,按相关规程进行。合格评定时,每个样品应称取两个试样分别筛析,取筛余平均值为筛析结果。若两次筛余结果绝对误差大于0.5%时(筛余值大于5.0%时可放至1.0%),应再做一次试验,取两次相近结果的算术平均值作为最终结果。

(3) 试验结果记录于表23.1。

表23.1　水泥细度检验方法(80μm筛筛析法)试验记录

试样名称				委托单编号		
试样规格				试验日期		
试样状态				试验依据		
使用部位				设备名称		
细度(80μm筛筛析法)	试样质量/g	筛余物质量/g	筛余百分数/%	修正系数C	筛余百分数:＿＿% 技术要求:	
结论:						

实验报告

试验题目		成绩	
试验目的和意义			
主要试验步骤			

结论:

试验二十四　水泥标准稠度用水量、凝结时间、安定性检验试验

一、目的和使用范围

本方法适用于硅酸盐水泥、普通硅酸盐水泥、矿渣硅酸盐水泥、粉煤灰硅酸盐水泥、火山灰硅酸盐水泥、复合硅酸盐水泥、道路硅酸盐水泥及指定采用本方法的其他品种水泥。

二、仪具与材料

（1）水泥净浆搅拌机：符合 JC/729 的要求。

（2）标准法维卡仪：标准稠度测定用试杆有效长度为（50±1）mm、由直径为（10±0.05）mm 的圆柱形耐腐蚀金属制成。测定凝结时间时取下试杆，用试针代替试杆。试杆由钢制成，其有效长度初凝针为（50±1）mm、终凝针为（30±1）mm、直径为（1.13±0.05）mm 的圆柱体。滑动部分的总质量为（300±1）g。与试杆、试针联结的滑动杆表面应光滑，能靠重力自由下落，不得有紧涩和旷动现象。盛装水泥净浆的试模应由耐腐蚀的、有足够硬度的金属制成。试模深（40±0.2）mm、顶内径（65±0.5）mm、底内径（75±0.5）mm 的截顶圆锥体，每只试模应配备一个大于试模、厚度大于等于 2.5 mm 的平板玻璃底板。

（3）代用法维卡仪：符合 JC/727 的要求。

（4）沸煮箱：有效容积约为 410 mm×240 mm×310 mm，箅板结构应不影响试验结果，箅板与加热器之间的距离大于 50 mm。箱的内层不易锈蚀的金属材料制成，能在（30±5）min 内将箱内的试验用水由室温升至沸腾并可保持沸腾状态 3 h 以上，整个试验过程中不需补充水量。

（5）雷氏夹膨胀仪：由铜质材料制成。当一要指针的根部先悬挂在一根金属丝或尼龙丝上，另一根指针的根部再挂上 300 g 质量的砝码时，两根指针的针尖距离增加应在（17.5±2.5）mm 范围内，即 $2X = 17.5 ± 2.5$ mm，当去掉砝码后针尖的距离能恢复至挂砝码前的状态。

（6）量水器：分度值为 0.1 mL，精度 1%。

（7）天平：量程 1 000 g，感量 1 g。

（8）湿气养护箱：应能使温度控制在（20±1）℃，相对湿度大于 90%。

（9）雷氏夹膨胀值测定仪：标尺最小刻度 0.5 mm。

（10）秒表：分度值 1 s。

三、试验准备

1. 试样及用水

（1）水泥试样应充分拌匀，通过 0.9 mm 方孔筛并记录筛余物情况，但要防止过筛时混进其他水泥。

（2）试验用水必须是洁净的淡水，如有争议时可用蒸馏水。

2. 实验室温度、相对湿度

（1）实验室的温度为（20±2）℃，相对湿度大于 50%。

（2）水泥试样、拌和水、仪器和用具的温度应与实验室内室温一致。

四、操作步骤

1. 标准稠度用水量测定（标准法）

（1）试验前必须做到：

① 维卡仪的金属棒能够自由滑动。
② 调整至试杆接触玻璃板时指针对准零点。
③ 水泥净浆搅拌机运行正常。

（2）水泥净浆拌制。

用水泥净浆搅拌机搅拌，搅拌锅和搅拌叶片先用湿布擦过，将拌和水倒入搅拌锅中，然后 5~10 s 内小心将称好的 500 g 水泥加入水中，防止水和水泥溅出；拌和时，先将锅放在搅拌机的锅座上，升至搅拌位置，启动搅拌机，低速搅拌 120 s，停 15 s，同时将叶片和锅壁上的水泥浆刮入锅中间，接着高速搅拌 120 s 停机。

（3）标准稠度用水量测定。

① 拌和结束后，立即将拌制好的水泥净浆装入已放在玻璃板上的试模，用小刀插捣，轻轻振动数次，刮去多余的净浆。

② 抹平后迅速将试模和底板移到维卡仪上，并将其中心定在试杆下，降低试杆直到与水泥净浆表面接触，拧紧螺丝 1~2 s 后，突然放松，使试杆垂直自由地沉入水泥净浆中。在试杆停止沉入或释放试杆 30 s 记录试杆到底板的距离，升起试杆后，立即擦净。

③ 整个操作应在搅拌后 1.5 min 内完成。以试杆沉入净浆并距底板（6±1）mm 的水泥净浆为标准稠度净浆，其拌和水量为该水泥的标准稠度用水量 P，按水泥质量的百分比计。

④ 当试杆距玻璃板小于 5 mm 时，应适当减水，重复水泥浆的拌制和上述过程；若距离大于 7 mm 时，则应适当加水，并重复水泥浆的拌制和上述过程。

2. 凝结时间测定

（1）测定前准备工作。

调整凝结时间测定仪的试针接触玻璃板，使指针对准零点。

（2）试件的制备。

以标准稠度用水量制成净浆（记录水泥全部加入水中的时间作为凝结时间的起始时间）一次装满试模，轻轻振动数次刮平，立即放入湿气养护箱中。

（3）初凝时间测定。

① 记录水泥全部加入水中至初凝状态的时间作为初凝时间，用"min"计。

② 试件在湿气养护箱中养护到加水后 30 min 时进行第一次测定。测定时，从湿气养护箱中取出试模，放入试针下，降低试针与水泥净浆表面接触。拧紧螺丝 1~2 s 后，突然放松，使试针垂直自由地沉入水泥净浆中。观察试针停止沉入或释放试针 30 s 时指针的读数。

③ 近初凝，每隔 5 min 测定一次。当试针距底板（4±1）mm 时，为水泥达到初凝状态。

④ 达到初凝时应立即重复测一次，当两次结论相同时才能定为达到初凝状态。然后记录下初凝时间。

（4）终凝时间测定。

① 由水泥全部加入水中至终凝状态的时间为水泥的终凝时间，用"min"计。

② 为了准确观察试件沉入的状况，在终凝针上安装了一个环形附件。在完成初凝时间测定后，立即将试模连同浆体以平移的方式从玻璃板下翻转 180°，直径大端向上，小端向下，放在玻璃板上，再放入湿气养护箱中继续养护。

③ 临近终凝时间时每隔 15 min 测定一次，当试针沉入试件 0.5 mm 时，即环形附件开始不能在试件上留下痕迹时，为水泥达到终凝状态。

④ 达到终凝时应立即重复测一次，当两次结论相同时才能定为达到终凝状态。

（5）测定时应注意，在最初测定的操作时应轻轻扶持金属柱，使其徐徐下降，以防止试针撞弯，但结果以自由下落为准；在整个测试过程中，试针沉入的位置至少要距试模内壁 10 mm。每次测定不能让试针落入原针孔，每次测试完毕须将试针擦净并将试模放入湿气养护箱内。整个测试过程要防止试模振动。

3. 安定性测定（标准法）

（1）测定前的准备工作。

每个试样需要两个试件，每个雷氏夹需要配备质量约 75~80 g 的玻璃板两块。凡与水泥净浆接触的玻璃板和雷氏夹表面都要稍稍涂上一层油。

（2）雷氏夹试件的制备方法。

将预先准备好的雷氏夹放在已稍擦油的玻璃板上，并立刻将已制好的标准稠度净浆装满雷氏夹。装浆时一只手轻轻扶持雷氏夹，另一只手用宽约 10 mm 的小刀插捣数次然后抹平，盖上稍涂油的玻璃板接着立刻将雷氏夹移至湿气养护箱内养护（24±2）h。

（3）沸煮。

① 调整好沸煮箱内的水位，使之在整个沸煮过程中都能没过试件，不需中途补试验用水，同时保证在（30±5）min 内水能沸腾。

② 脱去玻璃板取下试件，先测量雷氏夹指针尖端间的距离 A，精确到 0.5 mm，接着将试件放入水中箅板上，指针朝上，试件之间互不交叉，然后在（30±5）min 内加热水至沸腾，并恒沸 3 h±5 min。

（4）结果判别。

沸煮结束后，即放掉箱中的热水，打开箱盖，待箱体冷却至室温，取出试件进行判别。

测量雷氏夹指针尖端的距离 C，精确到 0.5 mm，当两个试件煮后增加距离（$C-A$）的平均值不大于 5.0 mm 时，即认为该水泥安定性合格；当两个试件的（$C-A$）值相差超过 4.0 mm 时，应用同一样品立即重做一次试验。再如此，则认为该水泥为安定性不合格。

4. 安定性测定（代用法）

（1）每个样品准备两块约 100 mm × 100 mm 的玻璃板，凡与在玻璃板上稍稍涂上一层隔离剂。

（2）试饼的成型方法。

将制好的净浆取出一部分分成两等份，使之呈球形，放在预先准备好的玻璃板上，轻轻振动玻璃板并用湿布擦净的小刀由边缘向中央抹动。做成直径（70~80）mm，中心厚约 10 mm，边缘渐薄，表面光滑的试饼。接着将试饼放入湿气养护箱内养护（24±2）h。

（3）沸煮。

① 调整好沸煮箱内的水位，使之在整个沸煮过程中能淹没过试件，不需要中途添补试验用水，同时保证水在（30±5）min 内能沸腾。

② 脱去玻璃板取下试件，先检查试饼是否完整，在试饼无缺陷的情况下将试饼放在沸煮箱的水中篦板上，然后在（30±5）min 内加热至水沸腾，并恒沸 3 h ± 5 min。

（4）结果判别。

沸煮结束后，放掉箱中热水，打开箱盖，待箱体冷却至室温，取出试件进行判别。目测试饼未发现裂缝，用钢直尺检查也没有弯曲的试饼为安定性合格；反之为不合格。当两个试饼判别结果有矛盾时，该水泥的安定性为不合格。

5. 结果整理

试验结果记录于表 24.1。

表 24.1 水泥标准调度用水量、凝结时间、安定性检验试验记录

试样名称					委托单编号	
试样规格					试验日期	
试样状态					试验依据	
使用部位					设备名称	
标准稠度用水量（标准法）	试样质量/g	加水量/g	沉入净浆距底/mm		标准稠度用水量：____% 技术要求：	
凝结时间	加水时间				初凝：_____min 技术要求：	
	试针沉入净浆距底板（4±1）mm 时间					
	试针沉入净浆 0.5 mm 时间				终凝：_____min 技术要求：	
安定性（标准法）	A/mm	C/mm	$C-A$/mm	$(C-A)$平均/mm	结果：	
					技术要求：	
结论：						

实验报告

试验题目		成绩	
试验目的和意义			
主要试验步骤			
结论：			

试验二十五　水泥胶砂强度检验试验（ISO 法）

一、目的和使用范围

本方法适用于硅酸盐水泥、普通硅酸盐水泥、矿渣硅酸盐水泥、粉煤灰硅酸盐水泥、火山灰硅酸盐水泥、复合硅酸盐水泥、道路硅酸盐水泥以及石灰石硅酸盐水泥的抗弯和抗压强度检验。采用其他水泥时必须检验本方法的适用性。

二、仪具与材料

（1）胶砂搅拌机：符合 JC/T 681—2005 的规定。

（2）振动台：符合 JC/T 682—2005 的规定。

（3）试模及下料漏斗：

① 试模。为可装卸的三联模，由隔板、端板、底座等部分组成，制造质量应符合 JC/T 726—2005《水泥胶砂试模》的规定。可同时成型三条截面为 40 mm×40 mm×160 mm 的菱形试件。

② 漏斗。

（4）抗折试验机和抗折夹具。

① 抗折试验机应符合 JC/T 724—2005 的要求；

② 抗折夹具应符合 JC/T 724—2005 的要求。

（5）抗压试验机和抗压夹具。

① 抗压试验机的吨位以 200～300 kN 为宜。抗压试验机，在较大的 4/5 量程范围内使用时，记录的荷载应有 ±1.0% 的精度，并按（2 400±200）N/s 速率的加荷能力，应具有一个能指示试件破坏时荷载的指示器。

② 抗压夹具受压面积为 40 mm×40 mm，并符合 JC/T 683—2005 的要求。

（6）天平：感量 1 g。

三、试验准备

1. 材料准备

（1）水泥试样从取样到试验要保持 24 h 以上，应将其储存在基本装满和气密的容器中，这个容器不能和水泥反应。

（2）ISO 标准砂。

2. 温度与相对湿度

（1）试件成型实验室应保持实验室温度为（20±2）℃（包括强度实验室），相对湿度大于50%。水泥试样、ISO 标准砂、拌和水及试模等的温度应与室温相同。

（2）养护箱或雾室温度（20±1）℃（包括强度实验室），相对湿度大于90%，养护水的温度（20±1）℃。

（3）试件成型实验室的空气温度和相对湿度在工作期间每天应至少记录一次。养护箱或雾室温度和相对湿度至少每4 h记录一次。

3. 试件成型

（1）成型前将试模擦净，四周的模板与底座的接触面上应涂黄油，紧密装配，防止漏浆，内壁均匀地刷一薄层机油。

（2）水泥与ISO砂的质量比为1∶3，水灰比为0.5∶1。

（3）每成型三条试件需称量的材料及用量为：水泥（450±2）g；ISO 砂（1 350±5）g；水（225±1）mL。

（4）将水加入锅中，再加入水泥，把锅放在固定架上并上升至固定位置。然后立即开动机器，低速搅拌30 s后，在第二个30 s开始的同时均匀将砂子加入。当砂分级装时，应从最粗粒级开始，依次加入，再高速搅拌30 s，停拌90 s。在停拌中的第一个15 s内用胶皮刮具将叶片和锅壁上的胶砂刮入锅中。在高速下继续搅拌60 s。各个阶段时间误差应在±1 s内。

（5）用振实台成型时，将空试模和模套固定在振实台上，用适当的勺子直接从搅拌锅中将胶砂分为两层装入试模。装第一层时，每个槽里约放300 g砂浆，用大播料器垂直架在模套顶部，沿每个模槽来回一次将料层播平。接着振实60次。再装入第二层胶砂，用小播料器播平，再振实60次。移走摸套，从振实台上取下试模，并用刮尺以90°的角度架在试模顶的一端，沿试模长度方向以横向锯割动作慢慢向另一端移动，一次将超出试模的胶砂刮去，并用同一直尺在近乎水平的情况下将试件表面抹平。

（6）当用代用振动台成型时，在搅拌胶砂的同时将试模及下料漏斗卡紧在振动台台面中心。将搅拌好的全部胶砂均匀地装于下料漏斗中，开动振动台，于（120±5）s停车。振动完毕，取下试模，用刮平尺按（5）方法刮去多余胶砂并抹平试件。

（7）在试模上作标记或加字条标明试件的编号和试件相对于振实台的位置。两个龄期以上的试件，编号时应将同一试模中的三条试件分在两个以上的龄期内。

（8）试验前或更换水泥品种时，须将搅拌锅、叶片和下料漏斗等抹擦干净。

4. 养　护

（1）编号后，将试模放入养护箱养护，养护箱内算板必须水平。水平放置时刮平面应朝上。对于 24 h 龄期的，应在破型试验前 20 min 内脱模。对于 24 h 以上龄期的，应在成型后 20~24 h 内脱模。脱模时要非常小心，应防止试件损伤。硬化较慢的水泥允许延期脱模，但须记录脱模时间。

（2）试件脱模后即放入水温（20±1）℃的水槽中养护，试件之间间隙和试件上表面的水深不得小于 5 mm。每个养护池中只能养护同类水泥试件，并应随时加水，保持恒定水位，不允许养护期间全部换水。

（3）除 24 h 龄期或延迟 48 h 脱模的试件外，任何到龄期的试件应在试验（破型）前 15 min 从水中取出。抹去试件表面沉淀物，并用湿布覆盖。

四、强度试验

（1）各龄期（试件龄期从水泥加水搅拌开始算起）的试件应在表 25.1 所示时间内进行强度试验。

表 25.1　不同龄期的试验时间

龄　期	24 h	48 h	72 h	7 d	28 d
试验时间	24 h±15 min	48 h±30 min	72 h±45 min	7 d±2 h	28 d±8 h

（2）抗折强度试验。

① 以中心加荷法测定抗折强度。

② 采用杠杆式抗折试验机试验时，试件放入前，应使杠杆成水平状态，将试件成型侧面朝上放入抗折试验机内。试件放入后调整夹具，使杠杆在试件折断时尽可能地接近水平位置。

③ 抗折试验加荷速度为（50±10）N/s，直至折断，并保持两个半截棱柱试件处于潮湿状态直至抗压试验。

④ 抗折强度按式（25.1）计算。

$$R_f = \frac{1.5 F_f L}{b^3} \tag{25.1}$$

式中　R_f——抗折强度，MPa，计算结果精确到 0.1 MPa；

　　　F_f——破坏荷载，N；

　　　L——支撑圆柱中心距，mm；

　　　b——试件断面正方形的边长，为 40 mm。

⑤ 抗折强度结果取三个试件平均值，精确至 0.1 MPa。当三个强度值中有超过平均值 ±10% 的，应剔除后再平均，以平均值作为抗折强度试验结果。

（3）抗压强度试验。

① 抗折试验后的断块应立即进行抗压试验。抗压试验须用抗压夹具进行，试件受压面为试件成型时的两个侧面，面积为 40 mm×40 mm。试验前应清除试件受压面与加压板间的砂粒或杂物。试件的底面靠紧夹具定位销，断块试件应对准抗压夹具中心，并使夹具对准压力机压板中心，半截棱柱体中心与压力机压板中心差应在 ±0.5 mm 内，棱柱体露在压板外的部分约为 10 mm。

② 压力机加荷速度应控制在（2 400±200）N/s 速率范围内，在接近破坏时更应严格掌握。

③ 抗压强度按式（25.2）计算。

$$R_c = \frac{F_c}{A} \tag{25.2}$$

式中　R_c——抗压强度，MPa，计算精确到 0.1 MPa；
　　　F_c——破坏荷载，N；
　　　A——受压面积，$A = 40 \text{ mm} \times 40 \text{ mm} = 1\ 600 \text{ mm}^2$。

④ 抗压强度结果为一组 6 个断块试件抗压强度的算术平均值，精确至 0.1 MPa。如果 6 个强度值中有一个值超过平均值 ±10% 的，应剔除后以剩下的 5 个值的算术平均值作为最后结果。如果 5 个值中再有超过平均值 ±10% 的，则此组试件无效。

（4）结果整理。

试验结果记录入表 25.1。

表 25.1　水泥胶砂强度检验试验记录

试样名称				委托单编号			
试样规格				试验日期			
试样状态				试验依据			
使用部位				设备名称			
龄期	抗折强度			抗压强度			
___天	___MPa	___MPa	___MPa	破坏荷载/N			
				抗压强度/MPa			
	评定值：___MPa			评定值：___MPa			
___天	___MPa	___MPa	___MPa	破坏荷载/N			
				抗压强度/MPa			
	评定值：___MPa			评定值：___MPa			
结论：							

实验报告

试验题目		成绩	
试验目的和意义			
主要试验步骤			
结论：			

试验二十六　水泥或石灰稳定材料中水泥或石灰剂量测定试验（EDTA 滴定法）

一、目的和适用范围

本试验方法适用于在工地快速测定水泥或石灰稳定土中水泥和石灰的剂量，并可用以检查拌和的均匀性。用于稳定的土可以是细粒土，也可以是中粒土。本方法不受水泥和石灰稳定土龄期（7 d 以内）的影响。工地水泥和石灰稳定土含水率的少量变化（±2%），实际上不影响测定结果。用本方法进行一次剂量测定，只需 10 min。

二、仪具与材料

（1）滴定管（酸式）：5 mL，1 支；

（2）滴定台：1 个；

（3）滴定管夹：1 个；

（4）大肚移液管：10 mL，1 个；

（5）锥形瓶：200 mL，20 个；

（6）烧杯：2 000 mL，1 只；300 mL，10 只；

（7）容量瓶：1 000 mL，1 个；

（8）搪瓷杯：容量大于 1 200 mL，10 只；

（9）不锈钢棒：10 根；

（10）量筒：100 mL 和 5 mL 各 1 只；50 mL，2 只；

（11）棕色广口瓶：60 mL，1 只；

（12）托盘天平：称量 500 g、感量 0.5 g 和称量 100 g、感量 0.1 g 各 1 台；

（13）秒表：1 只；

（14）表面皿：直径 9 cm，10 个；

（15）研钵：直径 12～13 cm，1 个；

（16）洗耳球：1 个；

（17）精密试纸：pH12～14；

（18）聚乙烯桶：20 L，1 个；10 L，2 个；5 L，1 个；

（19）毛刷、去污份、吸水管、塑料勺、特种铅笔、厘米纸；

（20）洗瓶：500 mL，1 只。

三、配制试剂

（1）0.1 mol/m³ 乙二胺四乙酸二钠（简称 EDTA 二钠）标准液：准确称取 EDTA 二钠（分析纯）37.23 g，用 40~50 ℃ 微热的无二氧化碳蒸馏水溶解，待全部溶解并冷却至室温后，定容至 1 000 mL。

（2）10% 氯化铵（NH_4Cl）：将 500 g 氯化铵（分析纯或化学纯）放在 10 L 的聚乙烯桶内，加蒸馏水 4 500 mL，充分振荡，使氯化铵完全溶解。也可以分批在 1 000 mL 的烧杯内配制，然后倒入塑料桶内摇匀。

（3）1.8% 氢氧化钠（内含三乙醇）溶液：用电子天平称 18 g 氢氧化钠（NaOH）（分析纯），放入洁净干燥的 1 000 mL 烧杯中，加 1 000 mL 蒸馏水使其全部溶解，待溶液冷至室温后，加入 2 mL 三乙醇胺（分析纯），搅拌均匀后储于塑料桶中。

（4）钙红指示剂：将 0.2 g 钙试剂羧酸钠与 20 g 预先在 105 ℃ 烘箱中烘 1 h 的硫酸钾混合。一起放入研钵中，研成极细粉末，储于棕色广口瓶中，以防吸潮。

四、准备标准曲线

（1）取样。取工地用石灰和土。风干后用烘干法测其含水率（如为水泥可测定其含水率为 0%）。

（2）计算步骤。

$$求干混合料质量 = \frac{湿混合料}{1+最佳含水率} \tag{26.1}$$

$$干土质量 = \frac{干混合料质量}{1+石灰或水泥剂量} \tag{26.2}$$

$$干石灰或水泥质量 = 干混合料质量 - 干土质量 \tag{26.3}$$

$$湿土质量 = 干土质量 \times (1+土的风干含水率) \tag{26.4}$$

$$湿石灰质量 = 干石灰 \times (1+石灰的风干含水率) \tag{26.5}$$

$$石灰土中应加水的水 = 湿混合料质量 - 湿土质量 - 湿石灰质量 \tag{26.6}$$

（3）准备 5 种试样，每种 2 个样品（以水泥稳定材料为例），如为水泥稳定中、粗粒土，每个样品取 1 000 g 左右（如为细粒土，则可取 300 g 左右）准备试验。为了减少中、粗粒土的离散，宜按设计级配单份掺配的方式配料。

5 种混合料的水泥剂量应为：水泥剂量为 0，最佳水泥剂量左右、最佳水泥剂量 ±2% 和 +4%，每种剂量取两个（为湿质量）试样，共 10 个试样，并分别放在 10 个大口聚乙烯桶（如为稳定细粒土，可用搪瓷杯或 1 000 mL 具塞三角瓶；如为粗粒土，可用 5 L 的大口聚乙烯桶）内。土的含水率应等于工地预期达到的最佳含水率，土中所加的水应与工地所用的水相同。

（4）取一个盛有试样的盛样器，在盛样器内加入两倍试样质量（湿料质量）体积的10%氯化铵溶液（如湿料质量为300 g，则氯化铵为600 mL；如湿料质量为1 000 g，则氯化铵溶液为2 000 mL）。如用1 000 mL具塞三角瓶，则手握三角瓶（瓶口朝上）用力振荡3 min［每分钟（120±5）次］，一代替搅拌棒搅拌。放置沉淀10 min，然后将上部清液转移到300 mL烧杯内，搅匀，加盖表面皿待测。

（5）用移液管吸取上层（液面上1~2 cm）悬浊液10.0 mL放入200 mL的三角瓶内，用量管量取1.8%氢氧化钠（内含三乙醇胺）溶液50 mL倒入三角瓶中，此时溶液pH为12.5~13.0（可用pH12~14精密试纸检验），然后加入钙红指示剂（质量约为0.2 g），摇匀溶液呈玫瑰红色。记录滴定管中EDTA二钠标准溶液的体积V_1，然后用EDTA二钠标准溶液滴定，边滴定边摇匀，并仔细观察溶液的颜色；在溶液颜色变为紫色时，放慢滴定速度，并摇匀，直到纯蓝色为终点，记录滴定管中EDTA二钠标准溶液体积V_2（以mL计，读至0.1 mL）。计算$V_1 - V_2$，即为EDTA二钠标准溶液的消耗量。

（6）对其他几个盛样器中的试样，用同样的方法进行试验，并记录各自的EDTA二钠标准溶液的消耗量。

（7）以同一水泥或石灰剂量稳定材料EDTA二钠标准溶液消耗量（mL）的平均值为纵坐标，以水泥或石灰剂量（%）为横坐标制图。两者的关系应是一条顺滑曲线。如素土、水泥或石灰改变，必须重做标准曲线。

五、操作步骤

（1）选取有代表性的无机结合料稳定材料，对稳定中、粗粒土取试样约3 000 g，对稳定细粒土取试样约1 000 g。

（2）对水泥或石灰稳定细粒土，称300 g试样放入搪瓷杯中，用搅棒将结块搅散，加10%氯化铵溶液600 mL；对水泥或石灰稳定中、粗粒土，可直接称取1 000 g左右，放入10%氯化铵溶液2 000 mL，然后如前述步骤进行试验。

（3）利用所绘制的标准曲线，根据EDTA二钠标准溶液消耗量，确定混合料中的水泥或石灰剂量。

六、结果整理

本试验应进行两次平行测定，取算术平均值，精确至0.1 mL。允许重复性误差不得大于均值的5%，否则，重新进行试验。试验结果记录入表26.1。

表 26.1 水泥（石灰）剂量试验记录

工程部位/用途						委托编号			
试验依据						样品编号			
样品描述						试验日期			
试验条件						样品名称			
主要仪器设备及编号									
取样地点									
稳定剂名称				最佳含水率/%			设计剂量/%		

稳定料中稳定剂标准曲线试验

结合料剂量/%										
试验次数		1	2	1	2	1	2	1	2	1	2
EDTA消耗量/mL	单个值									
	平均值									

稳定料中稳定剂剂量测试

试验次数	试样编号	EDTA/mL				查得稳定剂剂量/%	标准曲线
		初读数	终读数	消耗量	平均值		

备注：

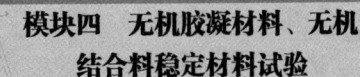

实验报告

试验题目			成绩	
试验目的和意义				
主要试验步骤				

结论:

试验二十七 无机结合料稳定材料无侧限抗压强度试验

一、目的和适用范围

本方法适用于测定无机结合料稳定土（包括稳定粗粒土、中粒土和细粒土）试件的无侧限抗压强度。本试验方法包括：按照预定干密度用静力压实法制备试件以及用锤击法制备试件。试件都是高：直径＝1：1的圆柱体。应该尽可能用静力压实法制备等干密度的试件。

二、仪具与材料

（1）圆孔筛：孔径40 mm、25 mm、及5 mm的筛各1个。

（2）试模。细粒土：试模直径×高＝50 mm×50 mm；中粒土：试模直径×高＝100 mm×100 mm；粗粒土：试模直径×高＝150 mm×150 mm。

（3）脱模器。

（4）反力框架：规格为400 kN以上。

（5）液压千斤顶（200～1 000 kN）。

（6）夯锤和导管。

（7）密封湿气箱或湿气池（放在能保持恒温的小房间内）。

（8）水槽。

（9）路面材料强度试验仪。

（10）天平：称量5 000g，感量0.01 g；称量15 kg，感量1 g。

（11）量筒、拌和工具、漏斗、大小铝盒、烘箱等。

三、操作步骤

（1）细粒土：试模直径×高＝50 mm×50 mm；中粒土：试模直径×高＝100 mm×100 mm；粗粒土：试模直径×高＝150 mm×150 mm。

（2）按规程规定的方法成型径高比为1：1的圆柱形试件。

（3）按规程规定的方法进行养生7 d的标准养生。试件从试模内脱出并称量后，应立即放到密封湿气箱和恒温室内进行保温保湿养生。养生时间视需要而定，作为工地控制，通常都只取7 d。整个养生期间的温度，应保持（20±2）℃。

（4）养生期的最后一天，应该将试件浸泡在水中，水的深度应使水面在试件顶上约2.5 cm。在浸泡水中之前，应再次称试件的质量，试件质量的损失应该符合下列规定：小试件不超过1 g；中试件不超过4 g；大试件不超过10 g。质量损失超过此规定的试件应该作废。

（5）为保证试验结果的可靠性和准确性，每组试件的数目为：小试件不少于6个；中试件不少于9个；大试件不少于13个。

（6）根据试验材料的类型和一般的工程经验，选择合适量程的测力计和压力机，试件破坏荷载应大于测力量程的20%且小于量程的80%。

（7）将已浸水一昼夜的试件从水中取出，用软的旧布吸去试样表面的可见自由水，并称试件的质量。

（8）用游标卡尺量试件的高度 h，准确至 0.1 mm。

（9）将试件放到路面材料强度试验仪的升降台上（台上先放一扁球座），进行抗压试验，试验过程中，应使试件的形变等速增加，并保持速率约为 1 mm/min。记录试件破坏时的最大压力 P。

（10）从试件内部取有代表性的样品（经过打破）测定其含水率 W。

四、结果整理

（1）试件的无侧限抗压强度 R_c 由公式（27.1）、（27.2）、（27.3）计算。

对于小试件：

$$R_c = P/A = 0.000\ 51P \tag{27.1}$$

对于中试件：

$$R_c = P/A = 0.000\ 127P \tag{27.2}$$

对于大试件：

$$R_c = P/A = 0.000\ 057P \tag{27.3}$$

式中　R_c——无侧限抗压强度，MPa；

　　　P——试件破坏时的最大压力，N；

　　　A——试件的截面积，mm²。

（2）抗压强度保留1位小数。

（3）同一组试件中，采用3倍均方差方法剔除异常值，小试件可以允许有1个异常值；中试件1~2个异常值，大试件2~3个异常值。异常值数量超过上述规定的试验重做。

（4）同一组试验的变异系数 C_v（%）符合下列规定，方为有效：小试件 $C_v \leqslant 6\%$；中试件 $C_v \leqslant 10\%$；大试件 $C_v \leqslant 15\%$。如不能保证试验结果的变异系数小于规定的值，则应按允许误差 10% 和 90% 概率重新计算所需的时间数量，增加试件数量并另做试验。新试验结果与老试验结果一并重新进行统计评定，直到变异系数满足上述规定。

（5）计算若干个试验结果的最小值、最大值、平均值 R_c、标准差 S、变异系数 C_v 和 95%保证率的值 $R_{c0.95}$（$R_{c0.95} = \overline{R}_c - 1.645S$）。

（6）试验结果记录入表 27.1。

表 27.1 无机结合料无侧限抗压强度试验检测记录

工程部位/用途		委托编号	
试验依据		样品编号	
样品描述		样品名称	
试验条件		试验日期	
主要仪器设备及编号			
结合料剂量/%		最大干密度/(g/cm³)		压实度/%	

试件编号	成型日期	龄期/天	试验日期	成型后试件测定			泡水前试件重/g	泡水后试件测定			含水率/%	养生期间质量损失/g	吸水率/%	破坏荷载/N	抗压强度/MPa
				试件质量/g	试件高/mm	试件直径/mm		试件质量/g	试件高/mm	试件直径/mm					
1															
2															
3															
4															
5															
6															
7															
8															
9															
10															
11															
12															
13															

抗压强度平均值 $\bar{R}_c$/MPa		抗压强度标准差 s		变异系数 C_v/%	
$R_{c0.95}$/MPa		$R_d(1-Z_aC_v)$/MPa		判　定	

实验报告

试验题目		成绩	
试验目的和意义			
主要试验步骤			
结论：			

模块五　沥青及沥青混合料试验

试验二十八　沥青试样准备方法

一、目的与适用范围

（1）本方法规定了按规程 T0601（JTGE 20—2011）取样的沥青试样在试验前的试样准备方法。

（2）本方法适用于黏稠道路石油沥青、煤沥青、聚合物改性沥青等需要加热后才能进行试验的沥青试样，按此法准备的沥青供立即在试验室进行各项试验使用。

（3）本方法也适用于对乳化沥青试样进行各项性能测试。每个样品的数量根据需要决定，常规测定不宜少于 600 g。

二、仪具与材料

（1）烘箱：200 ℃，装有温度控制调节器。
（2）加热炉具：电炉或燃气炉（丙烷石油气、天然气）。
（3）石棉垫：不小于炉具上面积。
（4）滤筛：筛孔孔径 0.6 mm。
（5）沥青盛样器皿：金属锅或瓷坩埚。
（6）烧杯：1 000 mL。
（7）温度计：量程 0～100 ℃ 及 200 ℃，分度值 0.1 ℃。
（8）天平：称量 2 000 g，感量不大于 1 g；称量 100 g，感量不大于 0.1 g。
（9）其他：玻璃棒、溶剂、棉纱等。

三、操作步骤

1. 热沥青试样制备

（1）将装有试样的盛样器带盖放入恒温烘箱中，当石油沥青试样中含有水分时，烘箱温度 80 ℃ 左右，加热至沥青全部熔化后供脱水用。当石油沥青中无水分时，烘箱温度宜为软化点温度以上 90 ℃，通常为 135 ℃ 左右。对取来的沥青试样不得直接采用电炉或燃气炉明火加热。

（2）当石油沥青试样中含有水分时，将盛样器皿放在可控温的砂浴、油浴、电热套上加热脱水，不得已采用电炉、燃气炉加热脱水时必须加放石棉垫。加热时间不超过 30 min，并用玻璃棒轻轻搅拌，防止局部过热。在沥青温度不超过 100 °C 的条件下，仔细脱水至无泡沫为止，最后的加热温度不宜超过软化点以上 100 °C（石油沥青）或 50 °C（煤沥青）。

（3）将盛样器中的沥青通过 0.6 mm 的滤筛过滤，不等冷却立即一次灌入各项试验的模具中。当温度下降太多时，宜适当加热再灌模。根据需要也可将试样分装入擦拭干净并干燥的一个或数个沥青盛样器皿中，数量应满足一批试验项目所需的沥青样品。

（4）在沥青灌模过程中，如温度下降可放入烘箱中适当加热，试样冷却后反复加热的次数不得超过两次，以防沥青老化影响试验结果。为避免混进气泡，在沥青灌模时不得反复搅动沥青。

（5）灌模剩余的沥青应立即清洗干净，不得重复使用。

2. 乳化沥青试样制备

（1）将按规程 T0601（JTG E20—2011）取有乳化沥青的盛样器适当晃动，使试样上下均匀。试样数量较少时，宜将盛样器上下倒置数次，使上下均匀。

（2）将试样倒出要求数量，装入盛样器皿或烧杯中，供试验使用。

（3）当乳化沥青在试验室自行配制时，可按下列步骤进行：

① 按上述方法准备热沥青试样。

② 根据所需制备的沥青乳液质量及沥青、乳化剂、水的比例计算各种材料的数量。

沥青用量按式（28.1）计算。

$$m_b = m_E P_b \tag{28.1}$$

式中　m_b——所需的沥青质量，g；

　　　m_E——乳液总质量，g；

　　　P_b——乳液中沥青含量，%。

乳化剂用量按式（28.2）计算。

$$m_e = \frac{m_E P_E}{P_e} \tag{28.2}$$

式中　m_e——乳化剂用量，g；

　　　P_E——乳液中乳化剂的含量，g；

　　　P_e——乳化剂浓度（乳化剂中有效成分含量），%。

水的用量按式（28.3）计算。

$$m_w = m_E - m_E \times P_b \tag{28.3}$$

式中　m_w——配制乳液所需水的质量，g。

③ 称取所需质量的乳化剂放入 1 000 mL 烧杯中。

④ 向盛有乳化剂的烧杯中加入所需的水（扣除乳化剂中所含水的质量）。

⑤ 将烧杯放到电炉上加热并不断搅拌，直到乳化剂完全溶解，当需调节 pH 值时可加入适量的外加剂，将溶液加热到 40～60 °C。

⑥ 在容器中称取准备好的沥青并加热到 120～150 °C。

⑦ 开动乳化机，用热水先把乳化机预热几分钟，然后把热水排净。

⑧ 将预热的乳化剂倒入乳化机中，随即将预热的沥青徐徐倒入，待全部沥青乳液在机中循环 1 min 后放出，进行各项试验或密封保存。

注： 在倒入乳化沥青过程中，需随时观察乳化情况。如出现异常，应立即停止倒入乳化沥青，并把乳化机中的沥青乳化剂混合液放出。

实验报告

试验题目		成绩	
试验目的和意义			
主要试验步骤			
结论：			

试验二十九　沥青密度与相对密度试验

一、目的与适用范围

（1）本方法适用于使用比重瓶测定沥青材料的密度与相对密度。非特殊要求，本方法宜在试验温度 25 ℃ 及 15 ℃ 下测定沥青密度与相对密度。

（2）对液体石油沥青，也可以采用适宜的液体比重计测定密度或相对密度。

二、仪具与材料

（1）比重瓶：玻璃制，瓶塞下部与瓶口须经仔细研磨。瓶塞中间有一个垂直孔，其下部为凹形，以便由孔中排除空气。比重瓶的容积为 20 ~ 30 mL，质量不超过 40 g。

（2）恒温水槽：控温的准确度为 0.1 ℃。

（3）烘箱：200 ℃，装有温度自动调节器。

（4）天平：感量不大于 1 mg。

（5）滤筛：0.6 mm、2.36 mm 各 1 个。

（6）温度计：量程 0 ~ 50 ℃，分度值 0.1 ℃。

（7）烧杯：600 ~ 800 mL。

（8）真空干燥器。

（9）洗液：玻璃仪器清洗液、三氯乙烯（分析纯）等。

（10）蒸馏水（或纯净水）。

（11）表面活性剂：洗衣粉（或洗涤灵）。

（12）其他：软布、滤纸等。

三、操作步骤

1. 准备工作

（1）用洗液、水、蒸馏水先后仔细洗涤比重瓶，然后烘干称其质量（m_1），准确至 1 mg。

（2）将盛有冷却蒸馏水的烧杯浸入恒温水槽中保温，在烧杯中插入温度计，水的深度必须超过比重瓶顶部 40 mm 以上。

（3）使恒温水槽及烧杯中的蒸馏水达到规定的试验温度 ± 0.1 ℃。

2. 比重瓶水值的测定步骤

（1）将比重瓶及瓶塞放入恒温水槽中的烧杯里，烧杯底浸没水中的深度应不少于 100 mm，烧杯口露出水面，并用夹具将其固牢。

（2）待烧杯中水温再次达到规定温度并保温 30 min 后，将瓶塞塞入瓶口，使多余的水由瓶塞上的毛细孔中挤出。此时比重瓶内不得有气泡。

（3）将烧杯从水槽中取出，再从烧杯中取出比重瓶，立即用干净软布将瓶塞顶部擦拭一次，再迅速擦干比重瓶外面的水分，称其质量（m_2），准确至 1 mg 瓶塞顶部只能擦拭一次，即使由于膨胀瓶塞上有小水滴也不能再擦拭。

（4）以 $m_2 - m_1$ 作为试验温度时比重瓶的水值。

注：比重瓶的水值应经常校正，一般每年至少进行一次。

3. 液体沥青试样的试验步骤

（1）将试样过筛（0.6 mm）后注入干燥比重瓶中至满，不得混入气泡。

（2）将盛有试样的比重瓶及瓶塞移入恒温水槽（测定温度 ±0.1 ℃）内盛有水的烧杯中，水面应在瓶口下约 40 mm。不得使水浸入瓶内。

（3）待烧杯内的水温达到要求的温度后保温 30 min，然后将瓶塞塞上，使多余的试样由瓶塞的毛细孔中挤出。用蘸有三氯乙烯的棉花擦净孔口挤出的试样，并保持孔中充满试样。

（4）从水中取出比重瓶，立即用干净软布擦去瓶外的水分或黏附的试样（不得再擦孔口）后，称其质量（m_3），准确至 3 位小数。

4. 黏稠沥青试样的试验步骤

（1）按试验二十八方法准备沥青试样，沥青的加热温度不宜高于估计软化点以上 100 ℃（石油沥青或聚合物改性沥青），将沥青小心注入比重瓶中，约至 2/3 高度。不得使试样黏附瓶口或上方瓶壁，并防止混入气泡。

（2）取出盛有试样的比重瓶，移入干燥器中，在室温下冷却不少于 1 h，连同瓶塞称其质量（m_4），准确至 3 位小数。

（3）将盛有蒸馏水的烧杯放入已达试验温度的恒温水槽中，然后将称量后盛有试样的比重瓶放入烧杯中（瓶塞也放进烧杯中），等烧杯中的水温达到规定试验温度后保温 30 min，使比重瓶中气泡上升到水面，待确认比重瓶已经恒温且无气泡后，再将比重瓶的瓶塞塞紧，使多余的水从塞孔中溢出，此时应不得带入气泡。

（4）取出比重瓶，按前述方法迅速揩干瓶外水分后称其质量（m_5），准确至 3 位小数。

5. 固体沥青试样的试验步骤

（1）试验前，如试样表面潮湿，可在干燥、洁净的环境下自然吹干，或置 50 ℃ 烘箱中烘干。

（2）将 50～100 g 试样打碎，过 0.60 mm 及 2.36 mm 筛。取 0.6～2.36 mm 的粉碎试样不少于 5 g，放入清洁、干燥的比重瓶中，塞紧瓶塞后称其质量（m_6），准确至 3 位小数。

（3）取下瓶塞，将恒温水槽内烧杯中的蒸馏水注入比重瓶，水面高于试样约 10 mm，同时加入几滴表面活性剂溶液（如 1% 洗衣粉、洗涤灵），并摇动比重瓶使大部分试样沉入水底，必须使试样颗粒表面所吸附的气泡逸出。摇动时勿使试样摇出瓶外。

（4）取下瓶塞，将盛有试样和蒸馏水的比重瓶置真空干燥箱（器）中抽真空，逐渐达到真空度 98 kPa（735 mmHg）不少于 15 min。当比重瓶试样表面仍有气泡时，可再加几滴表面活性剂溶液，摇动后再抽真空。必要时，可反复几次操作，直至无气泡为止。

注：抽真空不宜过快，以防止样品被带出比重瓶。

（5）将保温烧杯中的蒸馏水再注入比重瓶中至满，轻轻塞好瓶塞，再将带塞的比重瓶放入盛有蒸馏水的烧杯中，并塞紧瓶塞。

（6）将装有比重瓶的盛水烧杯再置恒温水槽（试验温度 ± 0.1 ℃）中保持至少 30 min 后，取出比重瓶，迅速揩干瓶外水分后称其质量（m_7），准确至 3 位小数。

四、结果整理

（1）试验温度下，液体沥青试样的密度和相对密度按式（29.1）计算。

$$\left.\begin{array}{l}\rho_b = \dfrac{m_3 - m_1}{m_2 - m_1} \cdot \rho_w \\ \gamma_b = \dfrac{m_3 - m_1}{m_2 - m_1}\end{array}\right\} \quad (29.1)$$

式中　ρ_b——试样在试验温度下的密度，g/cm³；

　　　γ_b——试样在试验温度下的相对密度；

　　　m_1——比重瓶质量，g；

　　　m_2——比重瓶与所盛满水的合计质量，g；

　　　m_3——比重瓶与所盛满试样的合计质量，g；

　　　ρ_w——试验温度下水的密度，g/cm³，15 ℃ 水的密度为 0.999 1 g/cm³，25 ℃ 水的密度为 0.997 1 g/cm³。

（2）试验温度下黏稠沥青试样的密度和相对密度按式（29.2）计算。

$$\left.\begin{array}{l}\rho_b = \dfrac{m_4 - m_1}{(m_2 - m_1) - (m_5 - m_4)} \cdot \rho_w \\ \gamma_b = \dfrac{m_4 - m_1}{(m_2 - m_1) - (m_5 - m_4)}\end{array}\right\} \quad (29.2)$$

式中　m_4——比重瓶与沥青试样合计质量，g；

　　　m_5——比重瓶与试样和水合计质量，g。

（3）试验温度下固体沥青试样的密度和相对密度按式按式（29.3）计算。

$$\left.\begin{array}{l}\rho_b = \dfrac{m_6 - m_1}{(m_2 - m_1) - (m_7 - m_6)} \cdot \rho_w \\ \gamma_b = \dfrac{m_6 - m_1}{(m_2 - m_1) - (m_7 - m_6)}\end{array}\right\} \quad (29.3)$$

式中　m_6——比重瓶与沥青试样合计质量，g；

m_7——比重瓶与试样和水合计质量，g。

（4）精度与允许误差。

① 同一试样应平行试验两次，当两次试验结果的差值符合重复性试验的允许误差要求时，以平均值作为沥青的密度试验结果，并准确至 3 位小数，试验报告应注明试验温度。

② 对黏稠石油沥青及液体沥青的密度，重复性试验的允许误差为 0.003 g/cm³，再现性试验的允许误差为 0.007 g/cm³。

对固体沥青，重复性试验的允许误差为 0.01 g/cm³，再现性试验的允许误差为 0.02 g/cm³。相对密度的允许误差要求与密度相同（无单位）。

表 29.1　沥青密度试验记录

工程部位/用途		委托编号	
试验依据		样品编号	
样品描述		样品名称	
试验条件		沥青种类	
厂家（产地）		试验日期	
主要仪器设备及编号		沥青标号	
试验次数	1		2
试验温度/°C			
空瓶质量/g			
瓶 + 水质量/g			
瓶 + 试样质量/g			
瓶 + 试样 + 水质量/g			
密度/（g/cm³）			
密度平均值/（g/cm³）			
备注：			

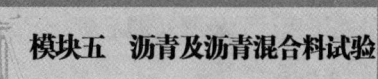

实验报告

试验题目		成绩	
试验目的和意义			
主要试验步骤			

结论：

试验三十 沥青针入度试验

一、目的与适用范围

本方法适用于测定道路石油沥青、聚合物改性沥青针入度,以及液体石油沥青蒸馏或乳化沥青蒸发后残留物的针入度,以 0.1 mm 计。其标准试验条件为 25 ℃。荷重 100 g,贯入时间 5 s。

针入度指数 PI 用以描述沥青的温度敏感性,宜在 15 ℃、25 ℃、30 ℃ 等 3 个或 3 个以上温度条件下测定针入度后按规定的方法计算得到,若 30 ℃ 时的针入度值过大,可采用 5 ℃ 代替。当量软化点 T_{800} 是相当于沥青针入度为 800 时的温度,用以评价沥青的高温稳定性。当量脆点 $T_{1.2}$ 是相当于沥青针入度为 1.2 时的温度,用以评价沥青的低温抗裂性能。

二、仪具与材料

(1)针入度仪:为提高测试精度,针入度试验宜采用能够自动计时的针入度仪进行测定,要求针和针连杆必须在无明显摩擦下垂直运动,针的贯入深度必须准确至 0.1 mm。针和针连杆组合件总质量为(50 ± 0.05)g,另附(50 ± 0.05)g 砝码一只,试验时总质量为(100 ± 0.05)g。仪器应有放置平底玻璃保温皿的平台,并有调节水平的装置,针连杆应与平台相垂直。应有针连杆制动按钮,使针连杆可自由下落。针连杆应易于装拆,以便检查其质量。仪器还设有可自由转动与调节距离的悬臂,其端部有一面小镜或聚光灯泡,借以观察针尖与试样表面接触情况。且应对自动装置的准确性经常校验。当采用其他试验条件时,应在试验结果中注明。

(2)标准针:由硬化回火的不锈钢制成,洛氏硬度 HRC 为 54~60,表面粗糙度 Ra 为 0.2~0.3 μm,针及针杆总质量(2.5 ± 0.05)g。针杆上应打印有号码标志。针应设有固定用装置盒(筒),以免碰撞针尖,每根针必须附有计量部门的检验单,并定期进行检验。

(3)盛样皿:金属制,圆柱形平底。小盛样皿的内径 55 mm,深 35 mm(适用于针入度小于 200 的试样);大盛样皿内径 70 mm,深 45 mm(适用于针入度为 200~350 的试样);对针入度大于 350 的试样需使用特殊盛样皿,其深度不小于 60 mm,试样体积不少于 125 mL。

(4)恒温水槽:容量不少于 10 L,控温的准确度为 0.1 ℃。水槽中应设有一带孔的搁架,位于水面下不得少于 100 mm,距水槽底不得少于 50 mm 处。

(5)平底玻璃皿:容量不小于 1 L,深度不小于 80 mm。内设有一不锈钢三脚支架,能使盛样皿稳定。

(6)温度计或温度传感器:精度为 0.1 ℃。

(7)计时器:精度为 0.1 s。

（8）位移计或位移传感器：精度为 0.1 mm。
（9）盛样皿盖：平板玻璃，直径不小于盛样皿开口尺寸。
（10）溶剂：三氯乙烯等。
（11）其他：电炉或砂浴、石棉网、金属锅或瓷把坩埚等。

三、操作步骤

1. 准备工作

（1）按试验二十八的方法准备试样。

（2）按试验要求将恒温水槽调节到要求的试验温度 25 ℃，或 15 ℃、30 ℃（5 ℃），保持稳定。

（3）将试样注入盛样皿中，试样高度应超过预计针入度值 10 mm，并盖上盛样皿，以防落入灰尘。盛有试样的盛样皿在 15~30 ℃ 室温中冷却不少于 1.5 h（小盛样皿）、2 h（大盛样皿）或 3 h（特殊盛样皿）后，应移入保持规定试验温度 ±0.1 ℃ 的恒温水槽中，并应保温不少于 1.5 h（小盛样皿）、2 h（大试样皿）或 2.5 h（特殊盛样皿）。

（4）调整针入度仪使之水平。检查针连杆和导轨，以确认无水和其他外来物，无明显摩擦。用三氯乙烯或其他溶剂清洗标准针，并擦干。将标准针插入针连杆，用螺钉固紧。按试验条件，加上附加砝码。

2. 试验步骤

（1）取出达到恒温的盛样皿，并移入水温控制在试验温度 ±0.1 ℃（可用恒温水槽中的水）的平底玻璃皿中的三脚支架上，试样表面以上的水层深度不小于 10 mm。

（2）将盛有试样的平底玻璃皿置于针入度仪的平台上。慢慢放下针连杆，用适当位置的反光镜或灯光反射观察，使针尖恰好与试样表面接触，将位移计或刻度盘指针复位为零。

（3）开始试验，按下释放键，这时计时与标准针落下贯入试样同时开始，至 5 s 时自动停止。

（4）读取位移计或刻度盘指针的读数，准确至 0.1 mm。

（5）同一试样平行试验至少 3 次，各测试点之间及与盛样皿边缘的距离不应小于 10 mm。每次试验后应将盛有盛样皿的平底玻璃皿放入恒温水槽，使平底玻璃皿中水温保持试验温度。每次试验应换一根干净标准针或将标准针取下用蘸有三氯乙烯溶剂的棉花或布揩净，再用干棉花或布擦干。

（6）测定针入度大于 200 的沥青试样时，至少用 3 支标准针，每次试验后将针留在试样中，直至 3 次平行试验完成后，才能将标准针取出。

（7）测定针入度指数 PI 时，按同样的方法在 15 ℃、25 ℃、30 ℃（或 5 ℃）3 个或 3 个以上（必要时增加 10 ℃、20 ℃ 等）温度条件下分别测定沥青的针入度，但用于仲裁试验的温度条件应为 5 个。

四、结果整理

(1) 应报告标准温度（25 ℃）时的针入度和其他试验温度 T 所对应的针入度，以及由此求取针入度指数 PI、当量软化点 T_{800}、当量脆点 $T_{1.2}$ 的方法和结果。当采用公式计算法时，应报告按相应公式回归的直线相关系数 R。

(2) 同一试样 3 次平行试验结果的最大值和最小值之差在表 30.1 允许误差范围内时，计算 3 次试验结果的平均值，取整数作为针入度试验结果，以 0.1 mm 计。

表 30.1　针入度和允许误差

针入度/0.1 mm	允许误差/0.1 mm
0~49	2
50~14	4
150~249	12
250~500	20

当试验值不符合此要求时，应重新进行试验。

(3) 当试验结果小于 50 (0.1 mm) 时，重复性试验的允许误差为 2 (0.1 mm)，再现性试验的允许误差为 4 (0.1 mm)。

(4) 当试验结果大于或等于 50 (0.1 mm) 时，重复性试验的允许误差为平均值的 4%，再现性试验的允许误差为平均值的 8%。

(5) 试验结果记录于表 30.2。

表 30.2　沥青针入度试验记录

工程部位/用途		委托编号	
试验依据		样品编号	
样品描述		样品名称	
试验条件		沥青种类	
厂家（产地）		试验日期	
主要仪器设备及编号		沥青标号	
试验温度/℃	标准针和连杆总质量/g		试验时间/s
试验次数	1	2	3
针入度值/0.1 mm			
平均针入度值/0.1 mm			
结论：			

实验报告

试验题目		成 绩	
试验目的和意义			
主要试验步骤			
结论:			

试验三十一　沥青延度试验

一、目的与适用范围

（1）本方法适用于测定道路石油沥青、聚合物改性沥青、液体石油沥青蒸馏残留物和乳化沥青蒸发残留物等材料的延度。

（2）沥青延度的试验温度与拉伸速率可根据要求采用，通常采用的试验温度为 25 ℃、15 ℃、10 ℃ 或 5 ℃，拉伸速度为（5±0.25）cm/min。当低温采用（1±0.5）cm/min 拉伸速度时，应在报告中注明。

二、仪具与材料

（1）延度仪：延度仪的测量长度不宜大于 150 cm，仪器应有自动控温、控速系统。应满足试件浸没于水中，能保持规定的试验温度及规定的拉伸速度拉伸试件，且试验时应无明显振动。

（2）试模：黄铜制，由两个端模和两个侧模组成，试模内侧表面粗糙度 R_a 为 0.2 μm。

（3）试模底板：玻璃板或磨光的铜板、不锈钢板（表面粗糙度 R_a 为 0.2 μm）。

（4）恒温水槽：容量不少于 10 L，控制温度的准确度为 0.1 ℃。水槽中应设有带孔搁架，搁架距水槽底不得少于 50 mm。试件浸入水中深度不小于 100 mm。

（5）温度计：量程 0~50 ℃，分度值 0.1 ℃。

（6）砂浴或其他加热炉具。

（7）甘油滑石粉隔离剂（甘油与滑石粉的质量比 2∶1）。

（8）其他：平刮刀、石棉网、酒精、食盐等。

三、操作步骤

1. 准备工作

（1）将隔离剂拌和均匀，涂于清洁干燥的试模底板和两个侧模的内侧表面，并将试模在试模底板上装妥。

（2）按试验二十八规定的方法准备试样，然后将试样仔细自试模的一端至另一端往返数次缓缓注入模中，最后略高出试模。灌模时不得使气泡混入。

（3）试件在室温中冷却不少于 1.5 h，然后用热刮刀刮除高出试模的沥青，使沥青面与试模面齐平。沥青的刮法应自试模的中间刮向两端，且表面应刮得平滑。将试模连同底板再放入规定试验温度的水槽中保温 1.5 h。

（4）检查延度仪延伸速度是否符合规定要求，然后移动滑板使其指针正对标尺的零点。将延度仪注水，并保温达到试验温度 ± 0.1 ℃。

2. 试验步骤

（1）将保温后的试件连同底板移入延度仪的水槽中，然后将盛有试样的试模自玻璃板或不锈钢板上取下，将试模两端的孔分别套在滑板及槽端固定板的金属柱上，并取下侧模。水面距试件表面应不小于 25 mm。

（2）开动延度仪，并注意观察试样的延伸情况。此时应注意，在试验过程中，水温应始终保持在试验温度规定范围内，且仪器不得有振动，水面不得有晃动，当水槽采用循环水时，应暂时中断循环，停止水流。在试验中，当发现沥青细丝浮于水面或沉入槽底时，应在水中加入酒精或食盐，调整水的密度至与试样相近后，重新试验。

（3）试件拉断时，读取指针所指标尺上的读数，以 cm 计。在正常情况下，试件延伸时应成锥尖状，拉断时实际断面接近于零。如不能得到这种结果，则应在报告中注明。

四、结果整理

（1）同一样品，每次平行试验不少于 3 个。如 3 个测定结果均大于 100 cm，试验结果记作"＞100 cm"；特殊需要也可分别记录实测值。3 个测定结果中，当有一个以上的测定值小于 100 cm 时，若最大值或最小值与平均值之差满足重复性试验要求，则取 3 个测定结果的平均值的整数作为延度试验结果，若平均值大于 100 cm，记作"＞100 cm"；若最大值或最小值与平均值之差不符合重复性试验要求时，试验应重新进行。

（2）当试验结果小于 100 cm 时，重复性试验的允许误差为平均值的 20%，再现性试验的允许误差平均值的 30%。

（3）试验结果记录于表 31.1。

表 31.1 沥青延度试验记录

工程部位/用途		委托编号	
试验依据		样品编号	
样品描述		样品名称	
试验条件		沥青种类	
厂家（产地）		试验日期	
主要仪器设备及编号		沥青标号	
标准温度/°C		试验温度/°C	延伸速度/(cm/min)
试验次数	1	2	3
延度值/cm			
平均延度值/cm			

实验报告

试验题目		成 绩	
试验目的和意义			
主要试验步骤			

结论：

试验三十二　沥青软化点试验

一、目的与适用范围

本方法适用于测定道路石油沥青、聚合物改性沥青的软化点,也适用于测定液体石油沥青、煤沥青蒸馏残留物或乳化沥青蒸发残留物的软化点。

二、仪具与材料

(1)软化点试验仪:由下列部件组成:
① 钢球:直径 9.53 mm,质量(3.5±0.05)g。
② 试样环:黄铜或不锈钢等制成。
③ 钢球定位环:黄铜或不锈钢制成。
④ 金属支架:由两个主杆和三层平行的金属板组成。上层为一圆盘,直径略大于烧杯直径,中间有一圆孔,用以插放温度计。板上有两个孔,各放置金属环,中间有一小孔可支持温度计的测温端部。一侧立杆距环上面 51 mm 处刻有水高标记。环下面距下层底板为 25.4 mm,而下底板距烧杯底不小于 12.7 mm,也不得大于 19 mm。三层金属板和两个主杆由两螺母固定在一起。
⑤ 耐热玻璃烧杯:容量 800~1 000 mL,直径不小于 86 mm,高不小于 120 mm。
⑥ 温度计:量程 0~100 ℃,分度值 0.5 ℃。
(2)装有温度调节器的电炉或其他加热炉具(液化石油气、天然气等)。应采用带有振荡搅拌器的加热电炉,振荡子置于烧杯底部。
(3)当采用自动软化点仪时,温度采用温度传感器测定,并能自动显示或记录,且应对自动装置的准确性经常校验。
(4)试样底板:金属板(表面粗糙度 Ra 应达 0.8 μm)或玻璃板。
(5)恒温水槽:控温的准确度为 ±0.5 ℃。
(6)平直刮刀。
(7)甘油、滑石粉隔离剂[甘油与滑石粉的质量比为(2∶1)]。
(8)蒸馏水或纯净水。
(9)其他:石棉网。

三、操作步骤

1. 准备工作

(1)将试样环置于涂有甘油滑石粉隔离剂的试样底板上。按试验二十八规定方法将准备好的沥青试样徐徐注入试样环内至略高出环面为止。

如估计试样软化点高于 120 ℃,则试样环和试样底板(不用玻璃板)均应预热至 80~100 ℃。
(2)试样在室温冷却 30 min 后,用热刮刀刮除环面上的试样,应使其与环面齐平。

2. 试验步骤

（1）试样软化点在 80 ℃以下者，按如下步骤进行试验：

① 将装有试样的试样环连同试样底板置于装有(5±0.5)℃水的恒温水槽中至少 15 min；同时将金属支架、钢球、钢球定位环等亦置于相同水槽中。

② 烧杯内注入新煮沸并冷却至 5 ℃的蒸馏水或纯净水，水面略低于立杆上的深度标记。

③ 从恒温水槽中取出盛有试样的试样环，将其放置在支架中层板的圆孔中，套上定位环；然后将整个环架放入烧杯中，调整水面至深度标记，并保持水温为（5±0.5）℃。环架上任何部分不得附有气泡。将 0~100 ℃的温度计由上层板中心孔垂直插入，使端部测温头底部与试样环下面齐平。

④ 将盛有水和环架的烧杯移至放有石棉网的加热炉具上，然后将钢球放在定位环中间的试样中央，立即开动电磁振荡搅拌器，使水微微振荡，并开始加热，使杯中水温在 3 min 内调节至维持每分钟上升（5±0.5）℃。在加热过程中，应记录每分钟上升的温度值，如温度上升速度超出此范围，则试验应重做。

⑤ 试样受热软化逐渐下坠，至与下层底板表面接触时，立即读取温度，准确至 0.5 ℃。

（2）试样软化点在 80 ℃以上者：

① 将装有试样的试样环连同试样底板置于装有（32±1）℃甘油的恒温槽中至少 15 min；同时将金属支架、钢球、钢球定位环等亦置于甘油中。

② 在烧杯内注入预先加热至 32 ℃的甘油，其液面略低于立杆上的深度标记。

③ 从恒温槽中取出装有试样的试样环，按上述 1 的方法进行测定，准确至 1 ℃。

四、成果整理

（1）同一试样平行试验两次，当两次测定值的差值符合重复性试验允许误差要求时，取其平均值作为软化点试验结果，准确至 0.5 ℃。

（2）当试样软化点小于 80 ℃时，重复性试验的允许误差为 1 ℃，再现性试验的允许误差 4 ℃。

（3）当试样软化点大于或等于 80 ℃时，重复性试验的允许误差为 2 ℃，再现性试验的允许误差 8 ℃。

（4）试验结果记录于表 32.1。

表 32.1　沥青软化点试验记录

工程部位/用途			委托编号	
试验依据			样品编号	
样品描述			样品名称	
试验条件			沥青种类	
厂家（产地）			试验日期	
主要仪器设备及编号			沥青标号	
起始试验温度/℃		升温速度/(℃/min)		烧杯内液体种类
试验次数	1		2	
软化点/℃				
平均软化点/℃				

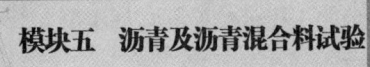

实验报告

试验题目		成绩	
试验目的和意义			
主要试验步骤			

结论：

试验三十三　沥青与粗集料的黏附性试验

一、目的与适用范围

本方法适用于检验沥青与粗集料表面的黏附性及评定粗集料的抗水剥离能力。对于最大粒径大于 13.2 mm 的集料应用水煮法，对最大粒径小于或等于 13.2 mm 的集料应用水浸法进行试验。当同一种料源集料最大粒径既有大于又有小于 13.2 mm 的集料时，取大于 13.2 mm 水煮法试验为标准，对细粒式沥青混合料应以水浸法试验为标准。

二、仪具与材料

（1）天平：称量 500 g，感量不大于 0.01 g。

（2）恒温水槽：能保持温度（80±1）℃。

（3）拌和用小型容器：500 mL。

（4）烧杯：1 000 mL。

（5）试验架。

（6）细线：尼龙线或棉线、铜丝线。

（7）铁丝网。

（8）标准筛：方孔筛，9.5 mm、13.2 mm、19 mm 各 1 个。

（9）烘箱：装有自动温度调节器。

（10）电炉、燃气炉。

（11）玻璃板：200 mm×200 mm 左右。

（12）搪瓷盘：300 mm×400 mm 左右。

（13）其他：拌和铲、石棉网、纱布、手套等。

三、操作步骤

1. 水煮法试验

（1）准备工作。

① 将集料过 13.2 mm、19 mm 筛，取粒径 13.2～19 mm 形状接近立方体的规则集料 5 个，用洁净水洗净，置温度为（105±5）℃的烘箱中烘干，然后放在干燥器中备用。

② 大烧杯中盛水，并置于加热炉的石棉网上煮沸。

（2）试验步骤。

① 将集料逐个用细线在中部系牢，再置（105±5）℃烘箱内 1 h。按试验二十八方法准备沥青试样。

② 逐个用线提起加热的矿料颗粒，浸入预先加热的沥青（石油沥青 130~150 ℃）中 45 s 后，轻轻拿出，使集料颗粒完全为沥青膜所裹覆。

③ 将裹覆沥青的集料颗粒悬挂于试验架上，下面垫一张纸，使多余的沥青流掉，并在室温下冷却 15 min。

④ 集料颗粒冷却后，逐个用线提起，浸入盛有煮沸水的大烧杯中央，调整加热炉，使烧杯中的水保持微沸状态，但不允许有沸开的泡沫。

⑤ 浸煮 3 min 后，将集料从水中取出，适当冷却；然后放入一个盛有常温水的纸杯等容器中，在水中观察矿料颗粒上沥青膜的剥落程度，并按表 33.1 评定其黏附性等级。

表 33.1　沥青与集料的黏附性等级

试验后集料表面上沥青膜剥落情况	黏附性等级
沥青膜完全保存，剥离面积百分率接近于 0	5
沥青膜少部分为水所移动，厚度不均匀，剥离面积百分率小于 10%	4
沥青膜局部明显地为水所移动，基本保留在集料表面上，剥离面积百分率小于 30%	3
沥青膜大部分为水所移动，局部保留在集料表面上，剥离面积百分率大于 30%	2
沥青膜完全为水所移动，集料基本裸露，沥青全浮于水面上	1

⑥ 同一试样应平行试验 5 个集料颗粒，并由两名以上经验丰富的试验人员分别评定后取平均等级作为试验结果。

2. 水浸法试验

（1）准备工作。

① 将集料过 9.5 mm、13.2 mm 筛，取粒径 9.5~13.2 mm 形状规则的集料 200 g 用洁净水洗净，并置温度为（105±5）℃的烘箱中烘干，然后放在干燥器中备用。

② 按本模块试验一准备沥青试样，加热至要求决定的拌和温度。

③ 将煮沸过的热水注入恒温水槽中，并维持温度（80±1）℃。

（2）试验步骤。

① 按四分法称取集料颗粒（9.5~13.2 mm）100 g 置搪瓷盘中，连同搪瓷盘一起放入已升温至沥青拌和温度以上 5 ℃ 的烘箱中持续加热 1 h。

② 按每 100 g 集料加入沥青（5.5±0.2）g 的比例称取沥青，准确至 0.1 g，放入小型拌和容器中，一起置入同一烘箱中加热 15 min。

③ 将搪瓷盘中的集料倒入拌和容器的沥青中后，从烘箱中取出拌和容器，立即用金属铲均匀拌和 1~1.5 min，使集料完全沥青薄膜裹覆；然后，立即将裹有沥青的集料取 20 个，用小铲移至玻璃板上摊开，并置室温下冷却 1 h。

④ 将放有集料的玻璃板浸入温度为（80±1）℃的恒温水槽中，保持 30 min，并将剥离及浮于水面的沥青用纸片捞出。

⑤ 由水中小心取出玻璃板，浸入水槽内的冷水中，仔细观察裹覆集料的沥青薄膜的剥落情况。由两名以上经验丰富的试验人员分别目测，评定剥离面积的百分率，评定后取平均值。

注：为使估计的剥离面积百分率较为正确，宜先制取若干个不同剥离率的样本，用比照法目测评定。不同剥离率的样本，可用加不同比例抗剥离剂的改性沥青与酸性集料拌和后浸水得到，也可由同一种沥青与不同集料品种拌和后浸水得到，逐个仔细计算得出样本的剥离面积百分率。

⑥ 由剥离面积百分率按表 33.1 评定沥青与集料黏附性的等级。

四、结果整理

（1）试验结果应包含采用的方法及集料粒径。
（2）试验结果记录于表 33.2。

表 33.2　沥青与粗集料的黏附性试验检测记录

工程部位/用途		委托/任务编号	
试验依据		样品编号	
样品描述		样品名称	
试验条件		沥青种类	
厂家（产地）		试验日期	
主要仪器设备及编号		沥青标号	
试验方法	试样编号	粒径/mm	石料表面沥青剥落情况	黏附性等级	
				单　值	综合评定
水煮法试验	1	13.2~19			
	2	13.2~19			
	3	13.2~19			
	4	13.2~19			
	5	13.2~19			
备注：					

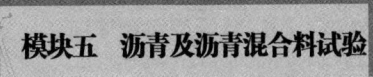

实验报告

试验题目		成绩	
试验目的和意义			
主要试验步骤			
结论:			

试验三十四　沥青混合料试件制作方法

一、目的与适用范围

（1）本方法适用于采用标准击实法或大型击实法制作沥青混合料试件，以供试验室进行沥青混合料物理力学性质试验使用。

（2）标准击实法适用于标准马歇尔试验、间接抗拉试验（劈裂法）等所使用的 $\phi 101.6$ mm × 63.5 mm 圆柱体试件的成型。大型击实法适用于大型马歇尔试验和 $\phi 152.4$ mm × 95.3 mm 大型圆柱体试件的成型。

（3）沥青混合料试件制作时的条件及试件数量应符合下列规定：

① 当集料公称最大粒径小于或等于 26.5 mm 时，采用标准击实法。一组试件的数量不少于 4 个。

② 当集料公称最大粒径大于 26.5 mm 时，宜采用大型击实法。一组试件数量不少于 6 个。

二、仪具与材料

（1）自动击实仪：击实仪应具有自动记数、控制仪表、按钮设置、复位及暂停等功能。按其用途分为以下两种：

① 标准击实仪：由击实锤、ϕ（98.5 ± 0.5）mm 平圆形压实头及带手柄的导向棒组成。用机械将压实锤提升，至（457.2 ± 1.5）mm 高度沿导向棒自由落下连续击实，标准击实锤质量（4 536 ± 9）g。

② 大型击实仪：由击实锤 ϕ（149.4 ± 0.1）mm 平圆形压实头及带手柄的导向棒组成。用机械将压实锤提升，至（457.2 ± 2.5）mm 高度沿导向棒自由落下击实，大型击实锤质量（10 210 ± 10）g。

（2）试验室用沥青混合料拌和机：能保证拌和温度并充分拌和均匀，可控制拌和时间，容量不小于 10 L，搅拌叶自转速度 70 ~ 80 r/min，公转速度 40 ~ 50 r/min。

（3）试模：由高碳钢或工具钢制成，几何尺寸如下：

① 标准击实仪试模的内径为（101.6 ± 0.2）mm，圆柱形金属筒高 87 mm，底座直径约 120.6 mm，套筒内径 104.8 mm、高 70 mm。

② 大型击实仪的试模与套筒尺寸。套筒外径 165.1 mm，内径（155.6 ± 0.3）mm，总高 83 mm。试模内径（152.4 ± 0.2）mm，总高 115 mm；底座板厚 12.7 mm，直径 172 mm。

（4）脱模器：电动或手动，应能无破损地推出圆柱体试件，备有标准试件及大型试件尺寸的推出环。

（5）烘箱：大、中型各 1 台，应有温度调节器。

（6）天平或电子秤：用于称量沥青的，感量不大于 0.1 g；用于称量矿料的，感量不大于 0.5 g。

（7）布洛克菲尔德黏度计。

（8）插刀或大螺丝刀。

（9）温度计：分度值 1 ℃。宜采用有金属插杆的插入式数显温度计，金属插杆的长度不小于 150 mm。量程 0 ~ 300 ℃。

（10）其他：电炉或煤气炉、沥青熔化锅、拌和铲、标准筛、滤纸（或普通纸）、胶布、卡尺、秒表、粉笔、棉纱等。

三、操作步骤

1. 准备工作

（1）确定制作沥青混合料试件的拌和温度与压实温度。

（2）按本规程测定沥青的黏度，绘制黏温曲线。按表 34.1 的要求确定适宜于沥青混合料拌和及压实的等黏温度。

（3）当缺乏沥青黏度测定条件时，试件的拌和与压实温度可按表 34.2 选用，并根据沥青品种和标号作适当调整。针入度小、稠度大的沥青取高限；针入度大、稠度小的沥青取低限；一般取中值。

（4）对改性沥青，应根据实践经验、改性剂的品种和用量，适当提高混合料的拌和和压实温度；对大部分聚合物改性沥青，通常在普通沥青的基础上提高 10 ~ 20 ℃；掺加纤维时，尚需再提高 10 ℃ 左右。

表 34.1　沥青混合料拌和及压实的沥青等黏温度

沥青结合料种类	黏度与测定方法	适宜于拌和的沥青结合料黏度/Pa·s	适宜于压实的沥青结合料黏度/Pa·s
石油沥青	表观黏度	0.17 ± 0.02	0.28 ± 0.03

表 34.2　沥青混合料拌和及压实温度参考表

沥青结合料种类	拌和温度/℃	压实温度/℃
石油沥青	140 ~ 160	120 ~ 150
改性沥青	160 ~ 175	140 ~ 170

（5）常温沥青混合料的拌和及压实在常温下进行。

2. 沥青混合料试件的制作条件

（1）在拌和厂或施工现场采取沥青混合料制作试样时，按相关规程规定的方法取样，将试样置于烘箱中加热或保温，在混合料中插入温度计测量温度，待混合料温度符合要求后成型。需要拌和时可倒入已加热的室内沥青混合料拌和机中适当拌和，时间不超过 1 min。不得在电炉或明火上加热炒拌。

（2）在试验室人工配制沥青混合料时，试件的制作按下列步骤进行：

① 将各种规格的矿料置（105±5）℃的烘箱中烘干至恒重（一般不少于 4~6 h）。

② 将烘干分级的粗、细集料，按每个试件设计级配要求称其质量，在一金属盘中混合均匀，矿粉单独放入小盆里；然后置烘箱中加热至沥青拌和温度以上约 15 ℃（采用石油沥青时通常为 163 ℃；采用改性沥青时通常需 180 ℃）备用。一般按一组试件（每组 4~6 个）备料，但进行配合比设计时宜对每个试件分别备料。常温沥青混合料的矿料不应加热。

③ 将按规程规定采取的沥青试样，用烘箱加热至规定的沥青混合料拌和温度，但不得超过 175 ℃。当不得已采用燃气炉或电炉直接加热进行脱水时，必须使用石棉垫隔开。

3. 拌制沥青混合料

（1）黏稠石油沥青混合料：

① 用蘸有少许黄油的棉纱擦净试模、套筒及击实座等，置 100 ℃ 左右烘箱中加热 1 h 备用。常温沥青混合料用试模不加热。

② 将沥青混合料拌和机提前预热至拌和温度 10 ℃ 左右。

③ 将加热的粗细集料置于拌和机中，用小铲子适当混合；然后加入需要数量的沥青（如沥青已称量在一专用容器内时，可在倒掉沥青后用一部分热矿粉将粘在容器壁上的沥青擦拭掉并一起倒入拌和锅中），开动拌和机一边搅拌一边使拌和叶片插入混合料中拌和 1~1.5 min；暂停拌和，加入加热的矿粉，继续拌和至均匀为止，并使沥青混合料保持在要求的拌和温度范围内。标准的总拌和时间为 3 min。

（2）液体石油沥青混合料：将每组（或每个）试件的矿料置已加热至 55~100 ℃ 的沥青混合料拌和机中，注入要求数量的液体沥青，并将混合料边加热边拌和，使液体沥青中的溶剂挥发至 50% 以下。拌和时间应事先试拌决定。

（3）乳化沥青混合料：将每个试件的粗细集料，置于沥青混合料拌和机（不加热，也可用人工炒拌）中；注入计算的用水量（阴离子乳化沥青不加水）后，拌和均匀并使矿料表面完全湿润；再注入设计的沥青乳液用量，在 1 min 内使混合料拌匀；然后加入矿粉后迅速拌和，使混合料拌成褐色为止。

4. 成型方法

（1）击实法的成型步骤如下：

① 将拌好的沥青混合料，用小铲适当拌和均匀，称取一个试件所需的用量（标准马歇尔试件约 1 200 g，大型马歇尔试件约 4 050 g）。当已知沥青混合料的密度时，可根据试件的标准尺寸计算并乘以 1.03 得到要求的混合料数量。当一次拌和几个试件时，宜将其倒入经预热的金属盘中，用小铲适当拌和均匀分成几份，分别取用。在试件制作过程中，为防止混合料温度下降，应连盘放在烘箱中保温。

② 从烘箱中取出预热的试模及套筒，用蘸有少许黄油的棉纱擦拭套筒、底座及击实锤底面。将试模装在底座上，放一张圆形的吸油性小的纸，用小铲将混合料铲入试模中，用插刀或大螺丝刀沿周边插捣 15 次，中间捣 10 次。插捣后将沥青混合料表面整平。对大型击实法的试件，混合料分两次加入，每次插捣次数同上。

③ 插入温度计至混合料中心附近，检查混合料温度。

④ 待混合料温度符合要求的压实温度后，将试模连同底座一起放在击实台上固定。在装好的混合料上面垫一张吸油性小的圆纸，再将装有击实锤及导向棒的压实头放入试模中。开启电机，使击实锤从 457 mm 的高度自由落下到击实规定的次数（75 次或 50 次）。对大型试件，击实次数为 75 次（相应于标准击实的 50 次）或 112 次（相应于标准击实 75 次）。

⑤ 试件击实一面后，取下套筒，将试模翻面，装上套筒；然后以同样的方法和次数击实另一面。

乳化沥青混合料试件在两面击实后，将一组试件在室温下横向放置 24 h；另一组试件置温度为（105 ± 5）℃的烘箱中养生 24 h。将养生试件取出后再立即两面锤击各 25 次。

⑥ 试件击实结束后，立即用镊子取掉上下面的纸，用卡尺量取试件离试模上口的高度并由此计算试件高度。高度不符合要求时，试件应作废，并按式（34.1）调整试件的混合料质量，以保证高度符合（63.5 ± 1.3）mm（标准试件）或（95.3 ± 2.5）mm（大型试件）的要求。

$$调整后混合料质量 = \frac{要求试件高度 \times 原用混合料质量}{所得试件的高度} \qquad (34.1)$$

（2）卸去套筒和底座，将装有试件的试模横向放置冷却至室温后（不少于 12 h），置脱模机上脱出试件。

（3）将试件仔细置于干燥洁净的平面上，供试验用。

实验报告

试验题目		成绩	
试验目的和意义			
主要试验步骤			
结论:			

试验三十五 压实沥青混合料密度试验（表干法）（包括水中重法）

一、目的与适用范围

（1）本方法适用于测定吸水率不大于2%的各种沥青混合料试件，包括密级配沥青混凝土、沥青玛蹄脂碎石混合料（SMA）和沥青稳定碎石等沥青混合料试件的毛体积相对密度和毛体积密度。标准温度为（25±0.5）℃。

（2）本方法测定的毛体积相对密度和毛体积密度适用于计算沥青混合料试件的空隙率、矿料间隙率等各项体积指标。

二、仪具与材料

（1）浸水天平或电子天平：当最大称量在3 kg以下时，感量不大于0.1 g；最大称量3 kg以上时，感量不大于0.5 g。应有测量水中重的挂钩。

（2）网篮。

（3）溢流水箱：使用洁净水，有水位溢流装置，保持试件和网篮浸入水中后的水位一定，能调整水温至（25±0.5）℃。

（4）试件悬吊装置：天平下方悬吊网篮及试件的装置，吊线应采用不吸水的细尼龙线绳，并有足够的长度。对轮碾成型机成型的板块状试件可用铁丝悬挂。

（5）秒表。

（6）毛巾。

（7）电风扇或烘箱。

三、操作步骤

（1）准备试件。本试验可以采用室内成型的试件，也可以采用工程现场钻芯、切割等方法获得的试件。当采用现场钻芯取样时，应按照T0710（JTG E20—2011）的方法进行。试验前试件宜在阴凉处保存（温度不宜高于35 ℃），且放置在水平的平面上，注意不要使试件产生变形。

（2）选择适宜的浸水天平或电子天平，最大称量应满足试件质量的要求。

（3）除去试件表面的浮粒，称取干燥试件的空中质量（m_a），根据选择的天平的感量读数，准确至0.1 g或0.5 g。

（4）将溢流水箱水温保持在（25±0.5）℃。挂上网篮，浸入溢流水箱中，调节水位，将天平调平并复零，把试件置于网篮中（注意不要晃动水）浸水中3~5 min，称取水中质量（m_w）。若天平读数持续变化，不能很快达到稳定，说明试件吸水较严重，不适用于此法测定，应改用规程T0707（JTG E20—2011）的蜡封法测定。

（5）从水中取出试件，用洁净柔软的拧干湿毛巾轻轻擦去试件的表面水（不得吸走空隙内的水），称取试件的表干质量（m_f）。从试件拿出水面到擦拭结束不宜超过 5 s，称量过程中流出的水不得再擦拭。

（6）对从工程现场钻取的非干燥试件，可先称取水中质量（m_w）和表干质量（m_f），然后用电风扇将试件吹干至恒重［一般不少于 12 h，当不需进行其他试验时，也可用（60±5）℃烘箱烘干至恒重），再称取空中质量（m_a）］。

四、结果整理

（1）按式（35.1）计算试件的吸水率，取 1 位小数。

$$S_a = \frac{m_f - m_a}{m_f - m_w} \times 100 \tag{35.1}$$

式中　S_a——试件的吸水率，%；
　　　m_a——干燥试件的空中质量，g；
　　　m_w——试件的水中质量，g；
　　　m_f——试件的表干质量 g。

（2）按式（35.2）、（35.3）计算试件的毛体积相对密度和毛体积密度，取 3 位小数。

$$\gamma_f = \frac{m_a}{m_f - m_w} \tag{35.2}$$

$$\rho_f = \frac{m_a}{m_f - m_w} \times \rho_w \tag{35.3}$$

式中　γ_f——试件毛体积相对密度，无量纲；
　　　ρ_f——试件毛体积密度，g/cm³；
　　　ρ_w——25 ℃时水的密度，取 0.997 1 g/cm³。

（3）按式（35.4）计算试件的孔隙率，取 1 位小数。

$$VV = \left(1 - \frac{\gamma_f}{\gamma_t}\right) \times 100 \tag{35.4}$$

式中　VV——试件的空隙率，%；
　　　γ_t——沥青混合料理论最大相对密度，按规定的方法计算或实测得到，无量纲；
　　　γ_f——试件的毛体积相对密度，无量纲，通常采用表干法测定；当试件吸水率 $S_a > 2\%$ 时，宜采用蜡封法测定；当按规定容许采用水中重法测定时，也可采用表观相对密度代替。

（4）按式（35.5）计算矿料的合成毛体积相对密度，取 3 位小数。

$$\gamma_{sb} = \frac{100}{\dfrac{P_1}{\gamma_1} + \dfrac{P_2}{\gamma_2} + \cdots + \dfrac{P_n}{\gamma_n}} \tag{35.5}$$

式中　γ_{sb}——矿料的合成毛体积相对密度，无量纲；

P_1、P_2、P_n——各种矿料占矿料总质量的百分率，%，其和为100；

γ_1、γ_2、…、γ_n——各种矿料的相对密度，无量纲，采用《公路工程集料试验规程》（JTG E42—2005）的方法进行测定。

（5）按式（35.6）计算矿料的合成表观相对密度，取3位小数。

$$\gamma_{sa} = \frac{100}{\dfrac{P_1}{\gamma'_1} + \dfrac{P_2}{\gamma'_2} + \cdots + \dfrac{P_n}{\gamma'_n}} \tag{35.6}$$

式中　γ_{sa}——矿料的合成表观相对密度，无量纲；

γ'_1、γ'_2、…、γ'_n——各种矿料的表观相对密度，无量纲。

（6）确定矿料的有效相对密度，取3位小数。

① 对非改性沥青混合料，采用真空法实测理论最大相对密度，取平均值。按式（35.7）计算合成矿料的有效相对密度 γ_{se}。

$$\gamma_{se} = \frac{100 - P_b}{\dfrac{100}{\gamma_t} + \dfrac{P_b}{\gamma_b}} \tag{35.7}$$

式中　γ_{se}——合成矿料的有效相对密度，无量纲；

P_b——沥青用量，即沥青质量占沥青混合料总质量的百分比，%；

γ_t——实测的沥青混合料理论最大相对密度，无量纲；

γ_b——25 ℃时沥青的相对密度，无量纲。

② 对改性沥青及SMA等难以分散的混合料，有效相对密度宜直接由矿料的合成毛体积相对密度与合成表观相对密度、沥青吸收系数 C 按式（35.8）、（35.9）、（35.10）计算确定。

$$\gamma_{se} = C\gamma_{sa} + (1-C)\gamma_{sb} \tag{35.8}$$

$$C = 0.033 w_x^2 - 0.293\,6 w_x + 0.933\,9 \tag{35.9}$$

$$w_x = \left(\frac{1}{\gamma_{sb}} - \frac{1}{\gamma_{sa}}\right) \times 100 \tag{35.10}$$

式中　C——沥青吸收系数，无量纲；

w_x——合成矿料的吸水率，%。

（7）确定沥青混合料的理论最大相对密度，取3位小数。

① 对非改性的普通沥青混合料，采用真空法实测沥青混合料的理论最大相对密度 γ_t。

② 对改性沥青或 SMA 混合料宜按式（35.11）、（35.12）计算沥青混合料对应油石比的理论最大相对密度。

$$\gamma_t = \frac{100+P_a}{\dfrac{100}{\gamma_{se}}+\dfrac{P_a}{\gamma_b}} \tag{35.11}$$

$$\gamma_t = \frac{100+P_a+P_x}{\dfrac{100}{\gamma_{se}}+\dfrac{P_a}{\gamma_b}+\dfrac{P_x}{\gamma_x}} \tag{35.12}$$

式中　γ_t——计算沥青混合料对应油石比的理论最大相对密度，无量纲；

P_a——油石比，即沥青质量占矿料总质量的百分比，%。

$$P_a = \frac{P_b}{100-P_b} \times 100$$

P_x——纤维用量，即纤维质量占矿料总质量的百分比，%；

γ_x——25 ℃时纤维的相对密度，由厂方提供或实测得到，无量纲；

γ_{se}——合成矿料的有效相对密度，无量纲；

γ_b——25 ℃时沥青的相对密度，无量纲。

③ 对旧路面钻取芯样的试件缺乏材料密度、配合比及油石比的沥青混合料，可以采用真空法实测沥青混合料的理论最大相对密度 γ_t。

（8）按式（35.13）、（35.14）、（35.15）计算试件的空隙率 VV、矿料间隙率 VMA 和有效沥青的饱和度 VFA，取 1 位小数。

$$VV = \left(1-\frac{\gamma_f}{\gamma_t}\right) \times 100 \tag{35.13}$$

$$VV = \left(1-\frac{\gamma_f}{\gamma_{sh}} \times \frac{P_s}{100}\right) \times 100 \tag{35.14}$$

$$VFA = \frac{VMA-VV}{VMA} \times 100 \tag{35.15}$$

式中　VV——沥青混合料试件的空隙率，%；

VMA——沥青混合料试件的矿料间隙率，%；

VFA——沥青混合料试件的有效沥青饱和度，%；

P_s——各种矿料占沥青混合料总质量的百分率之和，%；

$$P_s = 100-P_b$$

γ_{sb}——矿料的合成毛体积相对密度，无量纲。

（9）按式（35.16）、（35.17）、（35.18）计算沥青结合料被矿料吸收的比例及有效沥青含量、有效沥青体积百分率，取 1 位小数。

$$P_{ba} = \frac{\gamma_{se}-\gamma_{sb}}{\gamma_{se}\gamma_{sb}} \times \gamma_b \times 100 \tag{35.16}$$

模块五 沥青及沥青混合料试验

$$P_{be} = P_b - \frac{P_{ba}}{100} \times 100 \qquad (35.17)$$

$$V_{be} = \frac{\gamma_b \times P_{be}}{\gamma_b} \qquad (35.18)$$

式中　P_{ba}——沥青混合料中被矿料吸收的沥青质量占矿料总质量的百分率，%；

　　　P_{be}——沥青混合料中的有效沥青含量，%；

　　　V_{be}——沥青混合料试件的有效沥青体积百分率，%。

（10）按式（35.19）计算沥青混合料的粉胶比，取1位小数。

$$FB = \frac{P_{0.075}}{P_{be}} \qquad (35.19)$$

式中　FB——粉胶比，沥青混合料的矿料中0.075 mm通过率与有效沥青含量的比值，无量纲；

　　　$P_{0.075}$——矿料级配中0.075 mm的通过百分率（水洗法），%。

（11）按式（35.20）计算集料的比表面积，按式（35.21）计算沥青混合料沥青膜有效厚度。各种集料粒径的表面积系数按表35.1取用。

$$SA = \sum(P_i \times FA_i) \qquad (35.20)$$

$$DA = \frac{P_{be}}{\rho_b \times P_s \times SA} \times 1\,000 \qquad (35.21)$$

式中　SA——集料的比表面积，m²/kg；

　　　P_i——集料各粒径的质量通过百分率，%；

　　　FA_i——各筛孔对应集料的表面积系数 m²/kg，按表35.1确定；

　　　DA——沥青膜有效厚度，μm；

　　　ρ_b——沥青25 ℃时的密度，g/cm³。

表35.1　集料的表面积系数及比表面积计算示例

筛孔尺寸/mm	19	16	13.2	9.5	4.75	2.36	1.18	0.6	0.3	0.15	0.075
表面积系数 FA_i /(m²/kg)	0.004 1	—	—	—	0.004 1	0.008 2	0.016 4	0.028 7	0.061 4	0.122 9	0.327 7
集料各粒径的质量通过百分率 P_i /%	100	92	85	76	60	42	32	23	16	12	6
集料的比表面积 $FA_i \cdot P_i$ /(m²/kg)	0.41	—	—	—	0.25	0.34	0.52	0.66	0.98	1.47	1.97
集料比表面积总和 SA/(m²/kg)	\multicolumn{11}{l}{$SA = 0.41 + 0.25 + 0.34 + 0.52 + 0.66 + 0.98 + 1.47 + 1.97 = 6.60$}

注：矿料级配中大于4.75 mm集料的表面积系数FA均取0.004 1。计算集料比表面积时，大于4.75 mm集料的比表面积只计算一次，即只计算最大粒径对应部分。

（12）粗集料骨架间隙率可按式（35.22）计算，取 1 位小数。

$$VCA_{mix} = 100 - \frac{\gamma_f}{\gamma_{ca}} \times P_{ca} \tag{35.22}$$

式中 VCA_{mix}——粗集料骨架间隙率，%。

P_{ca}——矿料中所有粗集料质量占沥青混合料总质量的百分率，%，按式（35.23）计算得到。

$$P_{ca} = \frac{P_s \times PA_{4.75}}{100} \tag{35.23}$$

$PA_{4.75}$——矿料级配中 4.75 mm 筛余量，即 100 减去 4.75 mm 通过率。

注：$PA_{4.75}$ 对于一般沥青混合料为矿料级配中 4.75 mm 筛余量，对于公称最大粒径不大于 9.5 mm 的 SMA 混合料为 2.36 mm 筛余量，对特大粒径根据需要可以选择其他筛孔。

γ_{ca}——矿料中所有粗集料的合成毛体积相对密度，按式（35.24）计算，无量纲：

$$\gamma_{ca} = \frac{P_{1c} + P_{2c} + \cdots + P_{nc}}{\dfrac{P_{1c}}{\gamma_{1c}} + \dfrac{P_{2c}}{\gamma_{2c}} + \cdots + \dfrac{P_{nc}}{\gamma_{nc}}} \tag{35.24}$$

其中 P_{1c}、$\cdots$、P_{nc}——矿料中各种粗集料占矿料总质量的百分比，%；

γ_{1c}、$\cdots$、γ_{nc}——矿料中各种粗集料的毛体积相对密度。

（13）应注明沥青混合料的类型及测定密度采用的方法。

（14）试件毛体积密度试验重复性的允许误差为 0.020 g/cm³。试件毛体积相对密度试验重复性的允许误差为 0.020。

（15）试验结果记录于表 36.1。

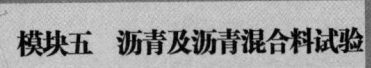

实验报告

试验题目			成绩	
试验目的和意义				
主要试验步骤				
结论:				

试验三十六　沥青混合料马歇尔稳定度试验

一、目的与适用范围

（1）本方法适用于马歇尔稳定度试验和浸水马歇尔稳定度试验，以进行沥青混合料的配合比设计或沥青路面施工质量检验。浸水马歇尔稳定度试验（根据需要，也可进行真空饱水马歇尔试验）供检验沥青混合料受水损害时抵抗剥落的能力时使用，通过测试其水稳定性检验配合比设计的可行性。

（2）本方法适用于按 T0702（JTG E20—2011）成型的标准马歇尔圆柱体试件和大型马歇尔圆柱体试件。

二、仪具与材料

（1）沥青混合料马歇尔试验仪：分为自动式和手动式。自动马歇尔试验仪应具备控制装置、记录荷载-位移曲线、自动测定荷载与试件的垂直变形，能自动显示和存储或打印试验结果等功能。手动式由人工操作，试验数据通过操作者目测后读取数据。

对用于高速公路和一级公路的沥青混合料宜采用自动马歇尔试验仪。

① 当集料公称最大粒径小于或等于 26.5 mm 时，宜采用 $\phi 101.66 \ mm \times 63.5 \ mm$ 的标准马歇尔试件，试验仪最大荷载不得小于 251 kN，读数精确至 0.1 kN，加载速率应能保持（50±5）mm/min。钢球直径（16±0.05）mm，上下压头曲率半径为（50.8±0.08）mm。

② 当集料公称最大粒径大于 26.5 mm 时，宜采用 $\phi 152.4 \ mm \times 95.3 \ mm$ 大型马歇尔件，试验仪最大荷载不得小于 50 kN，读数准确至 0.1 kN。上下压头的曲率内径为 ϕ（152.4±0.2）mm，上下压头间距（19.05±0.1）mm。

（2）恒温水槽：控温精确至 1 ℃，深度不小于 150 mm。

（3）真空饱水容器：包括真空泵及真空干燥器。

（4）烘箱。

（5）天平：感量不大于 0.1 g。

（6）温度计：分度值 1 ℃。

（7）卡尺。

（8）其他：棉纱、黄油。

三、操作步骤

1. 标准马歇尔试验方法

（1）准备工作。

① 按试验三十四标准击实法成型马歇尔试件，标准马歇尔试件尺寸应符合 ϕ（101.6±0.2）mm、高（63.5±1.3）mm 的要求。对大型马歇尔试件，尺寸应符合 ϕ（152.4±0.2）mm、高（95.3±2.5）mm 的要求。一组试件的数量不得少于 4 个，并符合 T 0702（JTG E20—2011）的规定。

② 量测试件的直径及高度：用卡尺测量试件中部的直径，用马歇尔试件高度测定器或用卡尺在十字对称的 4 个方向量测离试件边缘 10 mm 处的高度，精确至 0.1 mm，并以其平均值作为试件的高度。如试件高度达不到（63.5±1.3）mm 或（95.3±2.5）mm，或两侧高度差大于 2 mm，此试件应作废。

③ 按试验三十五规定的方法测定试件的密度，并计算空隙率、沥青体积百分率、沥青饱和度、矿料间隙率等体积指标。

④ 将恒温水槽调节至要求的试验温度，对黏稠石油沥青或烘箱养生过的乳化沥青混合料为（60±1）°C，对煤沥青混合料为（33.8±1）°C，对空气养生的乳化沥青或液体沥青混合料为（25±1）°C。

（2）试验步骤。

① 将试件置于已达规定温度的恒温水槽中保温，保温时间：对标准马歇尔试件需 30~40 min，对大型马歇尔试件需 45~60 min。试件之间应有间隔，底下应垫起，距水槽底部不小于 5 cm。

② 将马歇尔试验仪的上下压头放入水槽或烘箱中达到同样温度。将上下压头从水槽或烘箱中取出擦拭干净内面。为使上下压头滑动自如，可在下压头的导棒上涂少量黄油，再将试件取出置于下压头上，盖上上压头然后装在加载设备上。

③ 在上压头的球座上放妥钢球，并对准荷载测定装置的压头。

④ 当采用自动马歇尔试验仪时，将自动马歇尔试验仪的压力传感器、位移传感器与计算机或 X-Y 记录仪正确连接，调整好适宜的放大比例，压力和位移传感器调零。

⑤ 当采用压力环和流值计时，将流值计安装在导棒上，使导向套管轻轻地压住上压头，同时将流值计读数调零。调整压力环中百分表，对零。

⑥ 启动加载设备，使试件承受荷载，加载速度为（50±5）mm/min。计算机或 X-Y 记录仪自动记录传感器压力和试件变形曲线，并将数据自动存入计算机。

⑦ 当试验荷载达到最大值的瞬间，取下流值计，同时读取压力环中百分表读数及流值计的流值读数。

⑧ 从恒温水槽中取出试件至测出最大荷载值的时间，不得超过 30 s。

2. 浸水马歇尔试验方法

浸水马歇尔试验方法与标准马歇尔试验方法的不同之处在于,试件在已达规定温度恒温水槽中的保温时间为 48 h,其余步骤均与标准马歇尔试验方法相同。

四、结果整理

(1)试件的稳定度及流值。

① 当采用自动马歇尔试验仪时,将计算机采集的数据绘制成压力和试件变形曲线,或由 X-Y 记录仪自动记录的荷载—变形曲线,以 mm 计,精确至 0.1 mm。最大荷载即为稳定度(MS),以 kN 计,精确至 0.01 kN。

② 采用压力环和流值计测定时,根据压力环标定曲线,将压力环中百分表的读数换算为荷载值,或者由荷载测定装置读取的最大值即为试样的稳定度(MS),以 kN 计,精确至 0.01 kN。由流值计及位移传感器测定装置读取的试件垂直变形,即为试件的流值(FL),以 mm 计,精确至 0.1 mm。

(2)试件的马歇尔模数按式(36.1)计算。

$$T = \frac{MS}{FL} \tag{36.1}$$

式中　T——试件的马歇尔模数,kN/mm;
　　　MS——试件的稳定度,kN;
　　　FL——试件的流值,mm。

(3)试件的浸水残留稳定度按式(36.2)计算。

$$MS_0 = \frac{MS_1}{MS} \times 100 \tag{36.2}$$

式中　MS_0——试件的浸水残留稳定度,%;
　　　MS_1——试件浸水 48 h 后的稳定度,kN。

(4)试件的真空饱水残留稳定度按式(36.3)计算。

$$MS_0' = \frac{MS_2}{MS} \times 100 \tag{36.3}$$

式中　MS_0'——试件的真空饱水残留稳定度,%;
　　　MS_2——试件真空饱水后浸水 48 h 后的稳定度,kN。

(5)当一组测定值中某个测定值与平均值之差大于标准差的 k 倍时,该测定值应舍弃,并以其余测定值的平均值作为试验结果。当试件数目 n 为 3、4、5、6 个时,k 值分别为 1.15、1.46、1.67、1.82。

(6)试验结果记录于表 36.1。

表36.1 沥青混合料（浸水）马歇尔试验检测记录

工程部位/用途		任务编号	
试验依据		样品编号	
样品描述		样品名称	
试验条件		试验日期	
主要仪器设备及编号			
混合料类型		沥青种类	
拌合温度/°C		击实温度	
有效相对密度		合成表观相对密度	
		沥青相对密度	
		每面击实次数	
		合成毛体积相对密度	

试件编号	用油量/%	试件厚度/mm					试件空气中质量/g	试件水中质量/g	试件表干质量/g	试件蜡封后空气中质量/g	试件蜡封后水中质量/g	试件毛体积相对密度	理论最大相对密度	沥青体积百分率/%	空隙率/%	矿料间隙率/%	饱和度/%	稳定度/kN	流值/mm
		h_1	h_2	h_3	h_4	平均													

实验报告

试验题目		成绩	
试验目的和意义			
主要试验步骤			
结论:			

试验三十七 沥青混合料理论最大相对密度试验（真空法）

一、目的与适用范围

（1）本方法适用于采用真空法测定沥青混合料理论最大相对密度，供沥青混合料配合比设计、路况调查或路面施工质量管理计算空隙率、压实度等使用。

（2）本方法不适用于吸水率大于3%的多孔性集料的沥青混合料。

二、仪具与材料

（1）天平：称量5 kg以上，感量不大于0.1 g；称量2 kg以下，感量不大于0.05 g。

（2）负压容器：根据试样数量选用表37.1中的A、B、C任何一种类型。负压容器口带橡皮塞，上接橡胶管，管口下方有滤网，防止细料部分吸入胶管。为便于抽真空时观察气泡情况，负压容器至少有一面透明或者采用透明的密封盖。

表37.1　负压容器类型

类型	容　　器	附属设备
A	耐压玻璃、塑料或金属制的罐，容积大于2 000 mL	有密封盖，接真空胶管，分别与真空装置和压力表连接
B	容积大于2 000 mL的真空容量瓶	带胶皮塞，接真空胶管，分别与真空装置和压力表连接
C	4 000 mL耐压真空器皿或干燥器	带胶皮塞，接真空胶管，分别与真空装置和压力表连接

（3）真空负压装置：由真空泵、真空表、调压装置、压力表及干燥或积水装置等组成。

① 真空泵应使负压容器内产生（3.7±0.3）kPa［（27.5±2.5）mmHg］负压；真空表分度值不得大于2 kPa。

② 调压装置应具备过压调节功能，以保持负压容器的负压稳定在要求范围内，同时还应具有卸除真空压力的功能。

③ 压力表应经过标定，能够测定0～4 kPa（0～30 mmHg）负压。当采用水银压力表时分度值1 mmHg，示值误差为2 mmHg；非水银压力表分度值0.1 kPa，示值误差为0.2 kPa。压力表不得直接与真空装置连接，应单独与负压容器相接。

④ 采用干燥或积水装置主要是为了防止负压容器内的水分进入真空泵内。

（4）振动装置：试验过程中根据需要可以开启或关闭。

（5）恒温水槽：水温控制（25±0.5）℃。

（6）温度计：分度值 0.5 ℃。

（7）其他：玻璃板、平底盘、铲子等。

三、操作步骤

1. 准备工作

（1）按以下几种方法获取沥青混合料试样，试样数量宜不少于表 37.2 的规定数量。

① 按照 T 0702（JTG E20—2011）的方法拌制沥青混合料，分别拌制两个平行试样，放置于平底盘中。

② 按照 T 0701（JTG E20—2011）沥青混合料取样方法从拌和楼、运料车或者摊铺现场取样，趁热缩分成两个平行试样，分别放置于平底盘中。

③ 从沥青路面上钻芯取样或切割的试样，或者其他来源的冷沥青混合料，应置（125 ± 5）℃烘箱中加热至变软、松散后，缩分成两个平行试样，分别放置于平底盘中。

表 37.2 沥青混合料试样数量

公称最大粒径/mm	试样最小质量/g	公称最大粒径/mm	试样最小质量/g
4.75	500	26.5	2 500
9.5	1 000	31.5	3 000
13.2、16	1 500	37.5	3 500
19	2 000		

（2）将平底盘中的热沥青混合料，在室温中冷却或者用电风扇吹，一边冷却一边将沥青混合料团块仔细分散，粗集料不破碎，细集料团块分散到小于 6.4 mm。若混合料坚硬时可用烘箱适当加热后再分散，加热温度不超过 60 ℃。分散试样时可用铲子翻动、分散，在温度较低时应用手掰开，不得用锤打碎，防止集料破碎。当试样是从施工现场采取的非干燥混合料时，应用电风扇吹干至恒重后再操作。

（3）负压容器标定方法：

① 采用 A 类容器时，将容器全部浸入（25 ± 0.5）℃的恒温水槽中，负压容器完全浸没、恒温（10 ± 1）min 后，称取容器的水中质量 m_1。

② B、C 类负压容器：

大端口的负压容器，需要有大于负压容器端口的玻璃板。将负压容器和玻璃板放进水槽中，注意轻轻摇动负压容器使容器内气泡排除。恒温（10 ± 1）min，取出负压容器和玻璃板，向负压容器内加满（25 ± 0.5）℃水至液面稍微溢出，用玻璃板先盖住容器端口 1/3，然后慢慢沿容器端口水平方向移动盖住整个端口，注意查看有没有气泡。擦除负压容器四周的水，称取盛满水的负压容器质量为 m_b。

小口的负压容器，需要采用中间带垂直孔的塞子，其下部为凹槽，以便于空气从孔中排除。将负压容器和塞子放进水槽中，注意轻轻摇动负压容器使容器内气泡排除。恒温（10±1）min，在水中将瓶塞塞进瓶口，使多余的水由瓶塞上的孔中挤出。取出负压容器，将负压容器用干净软布将瓶塞顶部擦拭一次，再迅速擦除负压容器外面的水分，最后称其质量 m_b。

（4）将负压容器干燥、编号，称取其干燥质量。

2. 试验步骤

（1）将沥青混合料试样装入干燥的负压容器中，称容器及沥青混合料总质量，得到试样的净质量 m_a。试样质量应不小于上述规定的最小数量。

（2）在负压容器中注入（25±0.5）℃的水，将混合料全部浸没，并较混合料顶面高出约 2 mm。

（3）将负压容器放到试验仪上，与真空泵、压力表等连接，开动真空泵，使负压容器内负压在 2 min 内达到（3.7±0.3）kPa［（27.5±2.5）mmHg］时，开始计时，同时开动振动装置和抽真空，持续（15±2）min。

为使气泡容易除去，试验前可在水中加 0.01% 浓度的表面活性剂（每 100 mL 水中加 0.01 g 洗涤灵）。

（4）当抽真空结束后，关闭真空装置和振动装置，打开调压阀慢慢卸压，卸压速度不得大于 8 kPa/s（通过真空表读数控制），使负压容器内压力逐渐恢复。

（5）当负压容器采用八类容器时，将盛试样的容器浸入保温至（25±0.5）℃ 的恒温水槽中，恒温（10±1）min 后，称取负压容器与沥青混合料的水中质量（m_2）。

（6）当负压容器采用 B、C 类容器时，将装有沥青混合料试样的容器浸入保温至（25±0.5）℃ 的恒温水槽中，恒温（10±1）min 后，注意容器中不得有气泡，擦净容器外的水分，称取容器、水和沥青混合料试样的总质量（m_c）。

四、结果整理

（1）采用 A 类容器时，沥青混合料的理论最大相对密度按式（37.1）计算。

$$\gamma_t = \frac{m_a}{m_a - (m_2 - m_1)} \tag{37.1}$$

式中　γ_t——沥青混合料理论最大相对密度；
　　　m_a——干燥沥青混合料试样的空中质量，g；
　　　m_1——负压容器在 25 ℃ 水中的质量，g；
　　　m_2——负压容器与沥青混合料在 25 ℃ 水中的质量，g。

（2）采用 B、C 类容器作负压容器时，沥青混合料的理论最大相对密度按式（37.2）计算。

$$\gamma_t = \frac{m_a}{m_a + m_b - m_c} \tag{37.2}$$

式中　m_b——装满 25 ℃ 水的负压容器质量，g；

　　　m_c——25 ℃ 时试样、水与负压容器的总质量，g。

（3）沥青混合料 25 ℃ 时的理论最大密度按式（37.3）计算。

$$\rho_t = \gamma_t \rho_w$$

式中　ρ_t——沥青混合料的理论最大密度，g/cm³；

　　　ρ_w——25 ℃ 时水的密度，0.997 1 g/cm³。

（4）同一试样至少平行试验两次，计算平均值作为试验结果，取 3 位小数。采用修正试验时需要在报告中注明。

（5）重复性试验的允许误差为 0.011 g/cm³，再现性试验的允许误差为 0.019 g/cm³。

（6）试验结果记录于表 37.3。

表 37.3　沥青混合料理论最大相对密度试验检测记录（真空法）

工程部位/用途							委托编号			
试验依据							样品编号			
样品描述							样品名称			
试验条件							试验日期			
主要仪器设备及编号										
负压容器类型	试验次数	负压容器在水中质量/g	负压容器与水总质量/g	负压容器与沥青混合料在水中总质量/g	沥青混合料试样质量/g	负压容器、水和沥青混合料试样总质量/g	理论最大相对密度	
							单 值	平均值
A	1							
	2							
B	1							
	2							
C	1							
	2							
备注:								

实验报告

试验题目		成绩	
试验目的和意义			
主要试验步骤			

结论:

试验三十八 沥青混合料车辙试验

一、目的与适用范围

（1）本方法适用于测定沥青混合料的高温抗车辙能力，供沥青混合料配合比设计时的高温稳定性检验使用，也可用于现场沥青混合料的高温稳定性检验。

（2）车辙试验的温度与轮压（试验轮与试件的接触压强）可根据有关规定和需要选用，非经注明，试验默认温度为 60 ℃，轮压为 0.7 MPa。根据需要，如在寒冷地区也可采用 45 ℃，在高温条件下试验温度可采用 70 ℃ 等，对重载交通的轮压可增加至 1.4 MPa，但应在报告中注明。计算动稳定度的时间原则上为试验开始后 45~60 min 之间。

（3）本方法适用于用轮碾成型机碾压成型的长 300 mm、宽 300 mm、厚 50~100 mm 的板块状试件。根据工程需要也可采用其他尺寸的试件。本方法也适用于现场切割板块状试件，切割试件的尺寸根据现场面层的实际情况由试验确定。

二、仪具与材料

（1）车辙试验机。

车辙试验机主要由下列部分组成：

① 试件台：可牢固地安装两种宽度（300 mm 及 150 mm）规定尺寸试件的试模。

② 试验轮：橡胶制的实心轮胎，外径 200 mm，轮宽 50 mm，橡胶层厚 15 mm。橡胶硬度（国际标准硬度）20 ℃ 时为（84±4），60 ℃ 时为 78±2。试验轮行走距离为（230±10）mm，往返碾压速度为（42±1）次/min（21 次往返/min）。采用曲柄连杆驱动加载轮往返运行方式。

③ 加载装置：通常情况下试验轮与试件的接触压强在 60 ℃ 时为（0.7±0.05）MPa，施加的总荷载为 780 N 左右，根据需要可以调整接触压强大小。

④ 试模：钢板制成,由底板及侧板组成,试模内侧尺寸宜采用长为 300 mm,宽为 300 mm,厚为 50~100 mm，也可根据需要对厚度进行调整。

⑤ 试件变形测量装置：自动采集车辙变形并记录曲线的装置，通常用位移传感器 LVDT 或非接触位移计。位移测量范围 0~130 mm，精度 ±0.01 mm。

⑥ 温度检测装置：自动检测并记录试件表面及恒温室内温度的温度传感器，精度 ±0.5 ℃。温度应能自动连续记录。

（2）恒温室。

恒温室应具有足够的空间。车辙试验机必须整机安放在恒温室内，装有加热器、气流循环装置及自动温度控制设备，同时恒温室还应有至少能保温 3 块试件并进行试验的条件。保持恒温室温度 60±1 ℃（试件内部温度 60±0.5 ℃），根据需要也可采用其他试验温度。

（3）电子秤。

电子秤规格：称量 15 kg，感量不大于 5 g。

三、操作步骤

1. 准备工作

（1）试验轮接地压强测定。测定在 60 ℃时进行，在试验台上放置一块 50 mm 厚的钢板，其上铺一张毫米方格纸，上铺一张新的复写纸，以规定的 70 N 荷载后试验轮静压复写纸，即可在方格纸上得出轮压面积，并由此求得接地压强。当压强不符合（0.7±0.05）MPa 时，荷载应予适当调整。

（2）用轮碾成型法制作车辙试验试块。在试验室或工地制备成型的车辙试件，板块状试件尺寸为 300 mm×300 mm×（50~100）mm（厚度根据需要确定）。也可从路面切割得到需要尺寸的试件。

（3）当直接在拌和厂取拌和好的沥青混合料样品制作车辙试验试件检验生产配合比设计或混合料生产质量时，必须将混合料装入保温桶中，在温度下降至成型温度之前迅速送达试验室制作试件。如果温度稍有不足，可放在烘箱中稍事加热（时间不超过 30 min）后成型，但不得将混合料放冷却后二次加热重塑制作试件。重塑制件的试验结果仅供参考，不得用于评定配合比设计检验是否合格的标准。

（4）如需要，将试件脱模按规程规定的方法测定密度及空隙率等各项物理指标。

（5）试件成型后，连同试模一起在常温条件下放置的时间不得少于 12 h。对聚合物改性沥青混合料，放置的时间以 48 h 为宜，使聚合物改性沥青充分固化后方可进行车辙试验，室温放置时间不得长于一周。

2. 试验步骤

（1）将试件连同试模一起，置于已达到试验温度（60±1）℃的恒温室中，保温不少于 5 h，也不得超过 12 h。在试件的试验轮不行走的部位上，粘贴一个热电偶温度计（也可在试件制作时预先将热电偶导线埋入试件一角），控制试件温度稳定在（60±0.5）℃。

（2）将试件连同试模移置于轮辙试验机的试验台上，试验轮在试件的中央部位，其行走方向须与试件碾压或行车方向一致。开动车辙变形自动记录仪，然后启动试验机，使试验轮往返行走，时间约 1 h，或最大变形达到 25 mm 时为止。试验时，记录仪自动记录变形曲线及试件温度。

注： 对试验变形较小的试件，也可对一块试件在两侧 1/3 位置上进行两次试验，然后取平均值。

四、结果整理

（1）从车辙试验自动记录的变形曲线上读取 45 min（t_1）及 60 min（t_2）时的车辙变形 d_1 及 d_2，精确至 0.01 mm。

当变形过大，在未到 60 min 变形已达 25 mm 时，则以达到 25 mm（d_2）的时间为 t_2，以其前 15 min 为 t_1，此时的变形量为 d_1。

（2）沥青混合料试件的动稳定度按式（38.1）计算。

$$DS = \frac{(t_2 - t_1)N}{d_2 - d_1} \times C_1 \times C_2 \tag{38.1}$$

式中 DS——沥青混合料的动稳定度，次/min；

d_1——对应于时间 t_1 的变形量，mm；

d_2——对应于时间 t_2 的变形量，mm；

C_1——试验机类型系数，曲柄连杆驱动加载轮往返运行方式为 1.0；

C_2——试件系数，试验室制备宽 300 mm 的试件时取 1.0；

N——试验轮往返碾压速度，通常为 42 次/min。

（3）同一沥青混合料或同一路段路面，至少平行试验 3 个试件。当 3 个试件动稳定度变异系数不大于 20% 时，取其平均值作为试验结果；变异系数大于 20% 时应分析原因，并追加试验。如计算动稳定度值大于 6 000 次/mm，记作：>6 000 次/mm。

（4）重复性试验动稳定度变异系数不大于 20%。

（5）试验结果记录于表 38.1。

表 38.1 沥青混合料车辙试验记录

工程部位/用途		委托/任务编号	
试验依据		样品编号	
试验条件		试验日期	
样品描述			
主要仪器设备及编号			
结构层次		路面类型	
试件制作方法		试件尺寸/mm	
拌和温度/°C		制作温度/°C	
试验轮压力/MPa		试验温度/°C	
试件编号	1	2	3
时间 t_1/min			
时间 t_2/min			
对应于时间 t_1 的变形量/mm			
对应于时间 t_2 的变形量/mm			
试验轮往返碾压速度/(次/min)			
试验机类型修正系数 C_1			
试件系数 C_2			
试件毛体积相对密度			
空隙率/%			
动稳定度/(次/mm)			
动稳定度平均值/(次/mm)			
变异系数/%			
备注：			

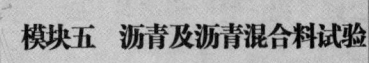

模块五 沥青及沥青混合料试验

实验报告

试验题目		成绩	
试验目的和意义			
主要试验步骤			
结论:			

试验三十九　沥青混合料中沥青含量试验（离心分离法）

一、目的与适用范围

（1）本方法采用离心分离法测定黏稠石油沥青拌制的沥青混合料中的沥青含量（或油石比）。

（2）本方法适用于热拌热铺沥青混合料路面施工时的沥青用量检测，以评定拌和厂产品质量。此法也适用于旧路调查时检测沥青混合料的沥青用量，用此法抽提的沥青溶液可用于回收沥青，以评定沥青的老化性质。

二、仪具与材料

（1）离心抽提仪：由试样容器及转速不小于 3 000 r/min 的离心分离器组成，分离器备有滤液出口。容器盖与容器之间用耐油的圆环形滤纸密封。滤液通过滤纸排出后从出口流出收入回收瓶中。仪器必须安放稳固并有排风装置。

（2）圆环形滤纸。

（3）回收瓶：容量 1 700 mL 以上。

（4）压力过滤装置。

（5）天平：感量不大于 0.01 g、1 mg 的天平各 1 台。

（6）量筒：分度值 1 mL。

（7）电烘箱：装有温度自动调节器。

（8）三氯乙烯：工业用。

（9）碳酸铵饱和溶液：供燃烧法测定滤纸中的矿粉含量用。

（10）其他：小铲、金属盘、大烧杯等。

三、操作步骤

1. 准备工作

（1）按规程规定沥青混合料取样方法，在拌和厂从运料车采取沥青混合料试样，放在金属盘中适当拌和，待温度稍下降后至 100 ℃ 以下时，用大烧杯取混合料试样质量 1 000 ~ 1 500 g（粗粒式沥青混合料用高限，细粒式用低限，中粒式用中限），精确至 0.1 g。

（2）当试样在施工现场用钻机法或切割法取得时，应用电风扇吹风使其完全干燥，置烘箱中适当加热后成松散状态取样，不得用锤击，以防集料破碎。

2. 试验步骤

（1）向装有试样的烧杯中注入三氯乙烯溶剂，将其浸没，浸泡 30 min，用玻璃棒适当搅动混合料，使沥青充分溶解。

注：也可直接在离心分离器中浸泡。

（2）将混合料及溶液倒入离心分离器，用少量溶剂将烧杯及玻璃棒上的黏附物全部洗入分离器中。

（3）称取洁净的圆环形滤纸质量，准确至 0.01 g，注意滤纸不宜多次反复使用，有破损者不能使用，有石粉黏附时应用毛刷清除干净。

（4）将滤纸垫在分离器边缘上，加盖紧固，在分离器出口处放上回收瓶，上口应注意密封，防止流出液成雾状散失。

（5）开动离心机，转速逐渐增至 300 r/min，沥青溶液通过排出口注入回收瓶中，待流出停止后停机。

（6）从上盖的孔中加入新溶剂，数量大体相同，稍停 3~5 min 后，重复上述操作，如此数次直至流出的抽提液成清澈的淡黄色为止。

（7）卸下上盖，取下圆环形滤纸，在通风橱或室内空气中蒸发干燥，然后放入（105±5）℃的烘箱中干燥，称取质量，其增重部分（m_2）为矿粉的一部分。

（8）将容器中的集料仔细取出，在通风橱或室内空气中蒸发后放入（105±5）℃烘箱中烘干（一般需 4 h），然后放入大干燥器中冷却至室温，称取集料质量（m_1）。

（9）用压力过滤器过滤回收瓶中的沥青溶液，由滤纸的增重 m_3 得出泄漏入滤液中矿粉。无压力过滤器时也可用燃烧法测定。

（10）用燃烧法测定抽提液中矿粉质量的步骤如下：

① 将回收瓶中的抽提液倒入量筒中，准确定量至 mL（V_a）。

② 充分搅匀抽提液，取出 10 mL（V_b）放入坩埚中，在热浴上适当加热使溶液试样发成暗黑色后，置高温炉（500~600 ℃）中烧成残渣，取出坩埚冷却。

③ 向坩埚中按每 1 g 残渣 5 mL 的用量比例，注入碳酸铵饱和溶液，静置 1 h，放入（105±5）℃炉箱中干燥。

④ 取出坩埚放在干燥器中冷却，称取残渣质量（m_4），准确至 1 mg。

四、结果整理

（1）沥青混合料中矿料的总质量按式（39.1）计算。

$$m_a = m_1 + m_2 + m_3 \tag{39.1}$$

式中 m_a——沥青混合料中矿料部分的总质量，g；

m_1——容器中留下的集料干燥质量，g；

m_2——圆环形滤纸在试验前后的增重，g；

m_3——泄漏入抽提液中的矿粉质量，g，用燃烧法时可按式（39.2）计算；

$$m_3 = m_4 \times \frac{V_a}{V_b} \tag{39.2}$$

式中 V_a——抽提液的总量，mL；

V_b——取出的燃烧干燥的抽提液数量，mL；

m_4——坩埚中燃烧干燥的残渣质量，g。

（2）沥青混合料中的沥青含量、油石比按式（39.3）、（39.4）计算。

$$P_b = \frac{m - m_a}{m} \tag{39.3}$$

$$P_a = \frac{m - m_a}{m} \tag{39.4}$$

式中　m——沥青混合料的总质量，g；

　　　P_b——沥青混合料的沥青含量，%；

　　　P_a——沥青混合料的油石比，%。

（3）同一沥青混合料试样至少平行试验两次，取平均值作为试验结果。两次试验结果的差值应小于 0.3%，当大于 0.3% 但小于 0.5% 时，应补充平行试验一次，以 3 次试验的平均值作为试验结果，3 次试验的最大值与最小值之差不得大于 0.5%。

（4）试验结果记录于表 39.1。

表 39.1 沥青混合料的沥青含量试验检测记录

工程部位/用途					委托/任务编号					
试验依据					样品编号					
样品描述					样品名称					
试验条件					试验日期					
主要仪器设备及编号										
试验次数	沥青混合料质量/g	滤纸质量/g	滤纸增加质量/g	容器中干燥集料质量/g	坩埚质量/g	坩埚与残渣质量/g	残渣质量/g	抽提液总量/mL	燃烧干燥的抽提液质量/mL	抽提液中矿粉质量/g	混合料中矿料部分总质量/g	沥青质量/g	沥青含量/%	油石比/%
1														
2														
平均														

实验报告

试验题目		成绩	
试验目的和意义			
主要试验步骤			

结论:

模块六 钢筋试验

试验四十 钢筋的拉伸试验

一、目的和适用范围

本试验规定了钢筋材料位伸试验方法的原理、试样及其尺寸测量，试验设备，试验要求，性能测定，测定结果数值修约和试验报告。本部分适用于金属材料室温拉伸性能的测定。试验系用拉力拉伸试样，一般拉至断裂，测定力学性能。

除非另有规定，试验一般在室内温度 10~35 ℃ 范围内进行。对温度要求严格的试验，试验温度应为（23±5）℃。

二、仪具与材料

（1）万能材料试验机。试验机的测力系统应按照 GB/T16825.1—2008 进行校准，并且其准确度应为 1 级或优于 1 级。

（2）游标卡尺、引伸计。

三、操作步骤

1. 准备试样

（1）在每批钢筋中任取两根，在距钢筋端部 50 cm 处各取一根试样。

（2）试样为未经机加工的产品或试棒的一段长度，两夹头间的自由长度应足够，以使原始标距的标记与夹头有合理的距离。

（3）原始标距的标记。应用小标记、细画线或细墨线标记原始标距，但不得用引起过早裂的缺口作标记。

2. 试验要求

（1）设定试验力零点。

在试样两端被夹持之前，应设定力测量系统的零点。一量设定了力值零点，在试验期间测量系统不能再发变化。

（2）试样的夹持方法。

应使用例如楔形夹头、螺纹夹头、平推夹头等合适的夹具夹持试样。应尽最大努力确保夹持的试样受轴向拉力的作用，尽量减小弯曲。

为了得到直的试样和确保试样与夹头对中，可以施加不超过规定强度或预期屈服强度的5%相应的预拉力，宜对预拉力的延伸影响进行修正。

3. 屈服点的测定

1）上屈服强度和下屈服强度的测定。

（1）上屈服强度是试样发生屈服而力首次下降前的最高应力；下屈服强度是在屈服期间，不计初始瞬时效应时的最低应力。呈现明显屈服（不连续屈服）现象的金属材料，相关产品标准应规定测定上屈服强度或下屈服强度或两者都测定。

对于上、下屈服强度位置判定的基本原则如下（见图40.1）：

屈服前的第1个峰值应力（第1个极大值应力）判为上屈服强度，不管其后的峰值应力比它大或比它小。

屈服阶段中如呈现两个或两个以上的谷值应力，舍去第1个谷值应力（第1个极值应力）不计，取其余谷值应力中之最小者判为下屈服强度。如只呈现1个下降谷，此谷值应力判为下屈服强度。

屈服阶段中呈现屈服平台，平台应力判为下屈服强度；如呈现多个而且后者高于前者的屈服平台，判第1个平台应力为下屈服强度。

正确的判定结果应是下屈服强度一定低于上屈服强度。

为提高试验效率，可以报告在上屈服强度之后延伸率为0.25%范围以内的最低应力为下屈服强度，不考虑任何初始瞬时效应。

注：此规定仅仅用于呈现明显屈服的材料和不测定屈服点延伸率的情况。

（2）图解方法：试验时记录力-位移曲线。从曲线图读取力首次下降前的最大力和不计初始瞬时效应时屈服阶段中的最小力或屈服平台的恒定力。将其分别除以试样原始横截面面积（S_0），得到上屈服强度和下屈服强度（见图40.1）。仲裁试验采用图解方法。

（3）指针方法：试验时，读取测力度盘指针首次回转前指示的最大力和不计初始瞬时效应时屈服阶段中指示的最小力或首次停止转动指示的恒定力。将其分别除以试样原始横截面面积（S_0）得到上屈服强度和下屈服强度。

（4）可以使用自动装置（例如微处理机等）或自动测试系统测定上屈服强度和下屈服强度，可以不绘制拉伸曲线图。

2）抗拉强度（R_m）的测定。

（1）达到抗拉强度时相应最大力（F_m）的应力，按照定义可采用图解方法或指针方法测定。

（2）对于呈现明显屈服（不连续屈服）现象的金属材料，从记录的力-延伸或力-位移曲线图，或从测定度盘，读取过了屈服阶段之后的最大力（见图40.2）；对于无明显屈服（连续屈服）现象的金属材料，从记录的力-延伸或力-位移曲线图，或从测力度盘，读取试验过程中的最大力。最大力除以试样原始横截面面积（S_0）得到抗拉强度。

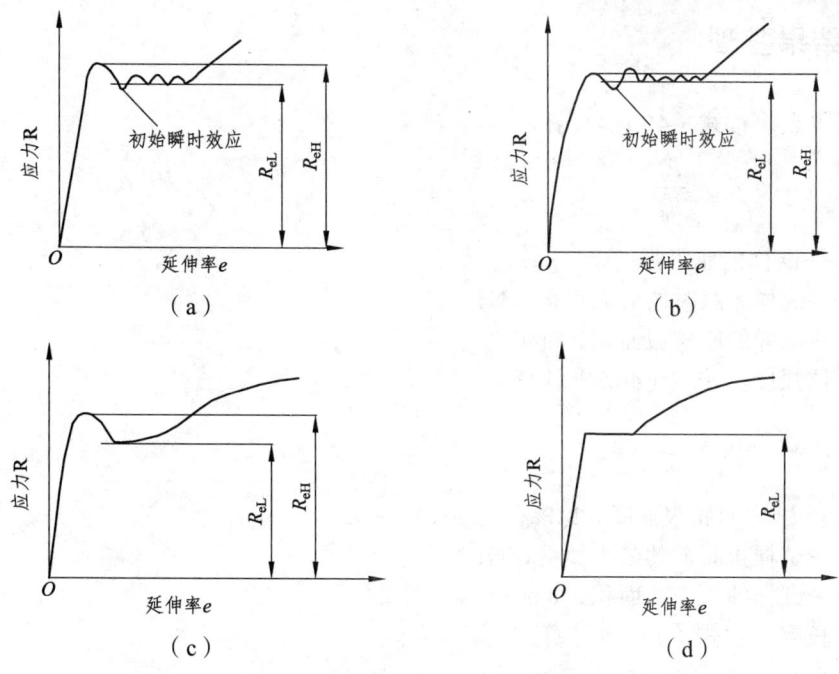

图 40.1　不同类型曲线的上屈服强度和下屈服强度

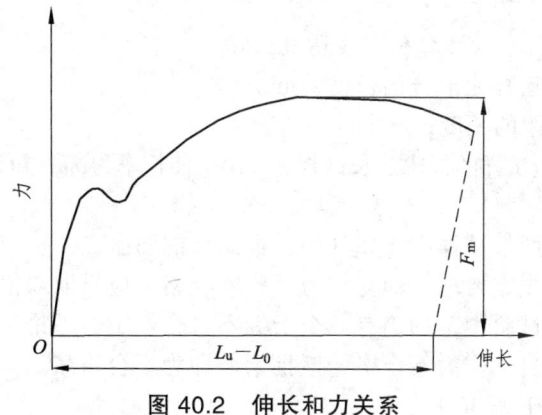

图 40.2　伸长和力关系

（3）可以使用自动装置（例如微处理机等）或自动测试系统测定抗拉强度，可以不绘制拉伸曲线图。

3）断后伸长率（A）的测定。

（1）断后伸长率（A）是指断后标距的残余伸长（$L_u - L_0$）与原始标距（L_0）之比的百分率。按照定义测定断后伸长率。为了测定断后伸长率，应将试样断裂的部分仔细地配接在一起，使其轴线处于同一直线上，并采取特别措施确保试样断裂部分适当接触后测量试样断后标距。这对小横截面试样和低伸长率试样尤为重要。

应使用分辨力优于 0.1 mm 的量具或测量装置测定断后标距（L_u），准确到 ± 0.25 mm。如规定的最小断后伸长率小于 5%，建议采用特殊方法进行测定。

原则上只有断裂处与最接近的标距标记的距离不小于原始标记的 1/3 情况方为有效。但断后伸长率大于或等于规定值，不管断裂位置处于何处，测量均为有效。

四、结果整理

（1）屈服点。按式（40.1）计算。

$$R_{el} = \frac{F_s}{S_0} \quad (40.1)$$

式中　R_{el}——试样的屈服强度，MPa；
　　　F_s——试样屈服时的最大负荷，N；
　　　S_0——试样的原横截面积，mm²。

（2）抗拉强度。按式（40.2）计算。

$$R_m = \frac{F_s}{S_0} \quad (40.2)$$

式中　R_m——试样的屈服强度，MPa；
　　　F_s——试样拉断前的最大负荷，N；
　　　S_0——试样的原横截面积，mm²。

（3）伸长率。按式（40.3）计算。

$$\delta_n = \frac{L_u - L_0}{L_0} \quad (40.3)$$

式中　δ——试样的伸长率，计算精度应达 0.5%；
　　　L_u——试样拉断后标距部分的长度，mm；
　　　L_0——试样原标距的长度，mm；
　　　n——长试样及短试样的标志。长试样 $n=10$，伸长率为 δ_{10}；短试样 $n=5$，伸长率为 δ_5。

（4）试验结果评定。

钢筋做拉伸试验的两根试样中，如其中一根试样的屈服点、抗拉强度、伸长率三个指标中，有一个指标不符合规定要求，即为拉力试验不合格。应再取双倍数量的试样重新测定三个指标。在第二次拉伸试验中，如仍有一个指标不符合规定，不论这个指标在第一次试验中是否合格，拉力试验项目也作为不合格，该批钢筋即为不合格品。

（5）试验结果记录于表 40.1。

表 40.1　钢筋抗拉性能试验记录

工程部位/用途											委托/任务编号		
试验依据											样品编号		
样品描述											样品名称		
试验条件											钢筋种类		
主要仪器设备及编号											试验日期		

试样编号	牌号或强度代号	直径/mm	计算面积/mm²	屈服强度		抗拉强度		伸长率			断口与接头距离/mm	断口描述
				荷载/kN	强度/MPa	荷载/kN	强度/MPa	原始标距/mm	总伸长/mm	伸长率/%		

模块六 钢筋试验

实验报告

试验题目		成绩	
试验目的和意义			
主要试验步骤			
结论:			

试验四十一 钢筋的冷弯试验

一、目的和适用范围

钢筋在冷的状态下进行冷弯试验，以表示其承受弯曲成要求角度及形状的能力，本试验法是以试件环绕弯心弯曲至规定角度，观察其是否有裂纹，起层或断裂情况。

冷弯试验是一种工艺试验。借此可了解受试钢材对某种工艺加工适合的程度。

二、仪具与材料

万能机：附有冷弯支座和弯心，支座和弯心顶端圆柱应有一定的硬度，以免受压变形。亦可采用特制冷弯试验机。应配有两个支辊和一个弯曲压头的支辊式弯曲装置。支辊长度和弯曲压头的宽度应大于试验宽度或直径。弯曲压头的直径由产品标准规定。支辊和弯曲压头应具有足够的硬度。除非另有规定，支辊间距离应按式（41.1）确定：

$$L = (D+3a) \pm \frac{a}{2} \tag{41.1}$$

式中 L——支辊间距离，mm；
D——弯心直径，mm；
a——钢筋试样的直径，mm；

三、试件制备

（1）试验使用圆形、方形、矩形或多边形横截面的试样。样坯的切取位置和方向应按照相关产品标准的要求。如未具体规定，对于钢产品，应按照《钢及钢产品力学性能试验取样位置及试样制备》（GB/T2975—1998）的要求。试样应去除由于剪切或火焰切割或类似的操作而影响了材料性能的部分。如果试验结果不受影响，允许不去除试样受影响的部分。

（2）试样长度应根据试样厚度（或直径）和所使用的试验设备确定。

四、操作步骤

（1）试验一般在 10～35 ℃ 的室温范围内进行。对温度要求严格的试验，试验温度应为 (23±5)℃。

（2）试验前，测量试样尺寸是否合格。选择适当的弯心直径 d，上升支座使弯心与试样接触，而后均匀加压直至规定之角度。

（3）按照相关产品标准规定，采用下列方法之一完成试验：

① 试样在给定的条件和力作用下弯曲至规定的弯曲角度［见图 41.1（a）］；
② 试样在力作用下弯曲至两臂相距规定距离且相互平行［见图 41.1（b）、(c)］；
③ 试样在力作用下弯曲至两臂直接接触［见图 41.1（d）］。

（4）试样弯曲至规定弯曲角度的试验：应将试样放于两支辊或 V 形模具上，试样轴线应与弯曲压头轴线垂直，弯曲压头在两支座之间的中点处对试样连续施加力使其弯曲，直至达到规定的弯曲角度。弯曲角度α可以通过测量弯曲压头的位移计算得出。

弯曲试验时，应当缓慢地施加弯曲力，以使材料能够自由地进行塑性变形。

当出现争议时，试验速率就为（1±0.2）mm/s。

使用上述方法如不能直接达到规定的弯曲角度，可将试样置于两平行压板之间，连续施加力压其两端使进一步弯曲，直至达到规定的弯曲角度。

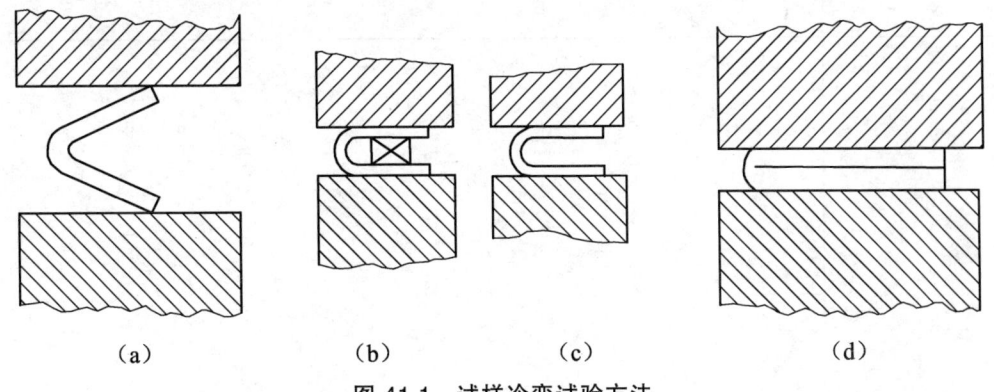

图 41.1　试样冷弯试验方法

（5）试样弯曲至两臂相互平行的试验：首先对试样进行初步弯曲，然后将试样置于两平行压板之间，连续施加力压其两端使进一步弯曲，直至两臂平行。试验时可以加或不加内置垫块。一般情况下，垫块厚等于规定的弯曲压头直径，产品标准中另有规定者按规定进行。

（6）试样弯曲至两臂直接接触的试验：首先对试样进行初步弯曲，然后将试样置于两平行压板之间，连续施加力压其两端使进一步弯曲，直至两臂直接接触。

五、结果整理

（1）应按照相关产品标准的要求评定弯曲试验结果。如未规定具体查求，弯曲试验后不使用放大仪器观察，试样弯曲外表面无可见裂纹，应评定为合格。

（2）以相关产品标准规定的弯曲角度作为最小值；若规定弯曲压头直径，以规定的弯曲压头直径作为最大值。

试验结果记录于表 41.1。

表 41.1　钢筋冷弯性能试验记录

工程部位/用途					委托/任务编号	
试验依据					样品编号	
样品描述					样品名称	
试验条件					钢筋种类	
主要仪器设备及编号					试验日期	
试样编号	弯心直径/mm	弯曲角度/°	支棍间距/mm	外观描述	备注：	
					炉号：	

实验报告

试验题目		成绩	
试验目的和意义			
主要试验步骤			

结论：

模块七 现场检测

试验四十二 3米直尺测定平整度试验

一、目的和适用范围

（1）本方法规定用3米直尺测定路表面的平整度，定义3米直尺基准面距离路表面的最大间隙表示路基路面的平整度，以mm计。

（2）本方法适用于测定压实成型的路面各层表面的平整度，以评定路面的施工质量，也可用于路基表面成型后的施工平整度检测。

二、仪具与材料

（1）三米直尺：测量基准面长度为3 m，基准面应平直，用硬木或铝合金钢等材料制成。

（2）最大间隙测量器具：

① 楔形塞尺：硬木或金属制的三角形塞尺，有手柄。塞尺的长度与高度之比不小于10，宽度不大于15 mm，边部有高度标记，刻度读数分辨率小于或等于0.2 mm。

② 深度尺：金属制的深度测量尺，有手柄。深度尺测量杆端头直径不小于10 mm，刻度读数分辨率小于或等于0.2 mm。

③ 其他：皮尺或钢尺、粉笔等。

三、操作步骤

1. 准备工作

（1）按有关规范规定选择测试路段。

（2）测试路段的测试地点选择：当为沥青路面施工过程中的质量检测时，测试地点应选在接缝处，以单杆测定评定；除高速公路以外，可用于其他等级公路路基面工程质量检查验收或进行路况评定，每200 m测2处，每处连续测量10尺。除特殊需要者外，应以行车道一侧车轮轮迹（距车道线0.8~1.0 m）作为连续测定的标准位置。对旧路已形成车辙的路面，应取车辙中间位置为测定位置，用粉笔在路面上做好标记。

（3）清扫路面测定位置处的污物。

2. 测试步骤

（1）施工过程中检测时，按根据需要确定的方向，将3米直尺摆在测试地点的路面上。

（2）目测3米直尺底面与路面之间的间隙情况，确定最大间隙的位置。

（3）用有高度标线的塞尺塞进间隙处，量测其最大间隙的高度（mm）；或者用深度尺在最大间隙位置量测直尺上顶面距地面的深度，该深度减去尺高即为测试点的最大间隙的高度，准确至0.2 mm。

四、结果整理

（1）单杆检测路面的平整度计算，以3米直尺与路面的最大间隙为测定结果。连续测定10尺时，判断每个测定值是否合格，根据要求，计算合格百分率，并计算10个最大间隙的平均值。

（2）试验结果记录于表42.1。

表42.1 路面平整度记录

工程部位/用途				委托/任务编号							
试验依据				样品编号							
样品描述				试验日期							
试验条件											
主要仪器设备及编号											
结构层次				路面类型							
里程桩号	每尺最大间隙值/mm									平均间隙值/mm	不合格尺数	合格率/%
	1	2	3	4	5	6	7	8	9	10			

备注：

实验报告

试验题目		成绩	
试验目的和意义			
主要试验步骤			
结论：			

试验四十三　手工铺砂法测定路面构造深度试验方法

一、目的与适用范围

本方法适用于测定沥青路面及水泥混凝土路面表面构造深度，用以评定路面表面的宏观构造。

二、仪具与材料技术要求

（1）人工铺砂仪：由圆筒、推平板组成。

① 量砂筒：一端是封闭的，容积为（25±0.15）mL，可通过称量砂筒中水的质量以确定其容积 V，并调整其高度，使其容积符合规定。带一专门的刮尺，可将筒口量砂刮平。

② 推平板：推平板应为木制或铝制，直径 50 mm，底面粘一层厚 1.5 mm 的橡胶片，上面有一圆柱把手。

③ 刮平尺：可用 30 cm 钢板尺代替。

（2）量砂：足够数量的干燥洁净的匀质砂，粒径 0.15～0.3 mm。

（3）量尺：钢板尺、钢卷尺，或采用已按规范公式将直径换算成构造深度作为刻度单位的专用的构造深度尺。

（4）其他：装砂容器（小铲）、扫帚或毛刷、挡风板等。

三、操作步骤

1. 准备工作

（1）量砂准备：取洁净的细砂，晾干过筛，取 0.15～0.3 mm 的砂，置于适当的容器中备用。量砂只能在路面上使用一次，不宜重复使用。

（2）对测试路段按随机取样选点的方法，决定测点所在横断面位置。测点应选在车道的轮迹带上，距路面边缘不应小于 1 m。

2. 测试步骤

（1）用扫帚或毛刷子将测点附近的路面清扫干净，面积不小于 30 mm×30 mm。

（2）用小铲装砂，沿筒壁向圆筒中注满砂，手提圆筒上方，在硬质路表面上轻轻地叩打 3 次，使砂密实；补足砂面用钢尺一次刮平。

注：不可直接用量砂筒装砂，以免影响量砂密度的均匀性。

（3）将砂倒在路面上，用底面粘有橡胶片的推平板，由里向外重复作旋转摊铺运动，稍稍用力将砂细心尽可能地向外摊开，使砂填入凹凸不平的路表面的空隙中，尽可能将砂摊成圆形，并不得在表面上留有浮动余砂。注意，摊铺时不可用力过大或向外推挤。

（4）用钢板尺测量所构成圆的两个垂直方向的直径，取其平均值，准确至 5 mm。

（5）按以上方法，同一处平行测定不小于 3 次，3 个测点均位于轮迹带上，测点间距 3～5 m。对同一处，应该由同一个试验员进行测定。该处的测定位置以中间测点的位置表示。

四、结果整理

(1) 路面表面构造深度测定结果按式(43.1)计算。

$$TD = \frac{1\,000V}{\pi D^2/4} = \frac{31\,831}{D^2} \quad (43.1)$$

式中　TD——路面表面构造深度，mm；

　　　V——砂的体积，25 cm³；

　　　D——摊平砂的平均直径，mm。

(2) 每一处均取 3 次路面构造深度的测定结果的平均值作为试验结果，精确至 0.01 mm。

(3) 按相关手册规定的方法计算每一个评定区间路面构造深度的平均值、标准差、变异系数。

(4) 试验结果记录于表 43.1。

表 43.1　路面构造深度试验记录（手工铺砂法）

工程部位/用途				委托/任务编号		
试验依据				样品编号		
试验条件				试验日期		
样品描述						
主要仪器设备及编号						
结构层次				路面类型		
试验日期	试验桩号	摊砂直径/mm			构造深度/mm	
		D_1	D_2	平均		
测点数		规定值	标准差	变异系数/%	合格率/%	
备注:						

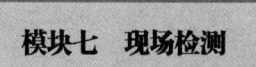

实验报告

试验题目		成绩	
试验目的和意义			
主要试验步骤			
结论:			

试验四十四　环刀法测定压实度

一、目的和适用范围

（1）本方法规定在公路工程现场用环刀法测定土基及路面材料的密度及压实度。

（2）本方法适用于细粒土及无机结合料稳定细土的密度。但对无机结合料稳定细粒土，其龄期不宜超过 2 d，且宜用于施工过程中的压实度检验。

二、仪具与材料

（1）人工取土器：包括环刀、环盖、定向筒和击实锤系统（导杆、落锤、手柄）。环刀内径 6~8 cm，高 2~3 cm，壁厚 1.5~2 mm。

（2）天平：感量 0.1 g（用于取芯头内径小于 70 mm 样品的称量），或 1.0 g（用于取芯头内径 100 mm 样品的称量）。

（3）其他：镐、小铁锹、修土刀、毛刷、直尺、钢丝锯、凡士林、木板及测定含水量的设备等。

三、操作步骤

（1）按有关试验方法对检测试样用同一种材料进行击实试验，得到最大干密度（ρ_c）及最佳含水率。

（2）用人工取土器测定黏性土及无机结合料稳定细粒土密度的步骤：

① 擦净环刀，称取环刀质量 m_2，准确至 0.1 g。

② 在试验地点，将面积约 30 cm×30 cm 的地面清扫干净，并将压实层铲支表面浮动及不平整的部分，达一定深度，使环刀打下后，能达到要求的取土深度，但不得将下层扰动。

③ 将定向筒齿钉固定于铲平的地面上，顺次将环刀、环盖放入定向筒内与地面垂直。

④ 将导杆保持垂直状态，用取土器落锤将环刀打入压实层中，至环盖顶面与定向筒上口齐平为止。

⑤ 去掉击实锤和定向筒，用镐将环刀及试样挖出。

⑥ 轻轻取下环盖，用修土刀自边至中削去环刀两端余土，用直尺检测直至修平为止。

⑦ 擦净环刀外壁，用天平称取出环刀及试样合计质量 m_1，准确至 0.1 g。

⑧ 自环刀中取出试样，取具有代表性的试样，测定其含水率 w。

（3）用人工取土器测定砂性土或砂层密度时的步骤：

① 如为湿润的砂土，试验时不需使用击实锤和定向筒。在铲平的地面上，细心挖出一个直径较环刀外径略大的砂土柱，将环刀刃口向下，平置于砂土柱上，用两手平稳地将环刀垂直压下、直至砂土柱突出环刀上端约 2 cm 时为止。

② 削掉环刀口上的多余砂土，并用直尺刮平。

③ 在环刀上口盖一块平滑的木板，一手按住木板，另一手用小铁锹将试样从环刀底部切断，然后将装满试样的环刀反转过来，削去环刀口上部的多余砂土，并用直尺刮平。

④ 擦净环刀外壁，称环刀与试样合计质量 m_1，准确至 0.1 g。

⑤ 自环刀中取具有代表性的试样测定其含水率。

⑥ 干燥的砂土不能挖成砂土柱时，可直接将环刀压入或打入土中。

四、结果整理

（1）按式（44.1）、（44.2）计算试样的湿密度及干密度。

$$\rho = \frac{4(m_1 - m_2)}{\pi d^2 h} \tag{44.1}$$

$$\rho_d = \frac{\rho}{1 + 0.01w} \tag{44.2}$$

式中　ρ ——试样的湿密度，g/cm³；

　　　ρ_d ——试样的干密度，g/cm³；

　　　m_1 ——环刀或取芯套筒与试样合计质量，g；

　　　m_2 ——环刀或取芯套筒质量，g；

　　　d ——环刀或取芯套筒直径，cm；

　　　h ——环刀或取芯套筒高度，cm；

　　　w ——试样的含水率，%。

（2）按式（44.3）计算施工压实度。

$$K = \frac{\rho_d}{\rho_c} \times 100 \tag{44.3}$$

式中　K ——测试地点的施工压实度，%；

　　　ρ_d ——试样的干密度，g/cm³；

　　　ρ_c ——由击实试验得到的试样的最大干密度，g/cm³。

（3）本试验须进行两次平行测定，其平行差值不得大 0.03 g/cm³。求其算术平均值。

（4）试验结果记录于表 44.1。

表44.1 环刀法测定压实度记录表

工程部位		委托/任务编号		
样品名称		样品编号		
试验依据		样品描述		
试验条件		试验日期		
主要仪器设备及编号				
测点桩号				
横距/m				
环刀号				
环刀容积/cm³				
环刀质量/g				
土+环刀质量/g				
土样质量/g				
湿密度/(g/cm³)				
盒号				
盒质量/g				
盒+湿土质量/g				
盒+干土质量/g				
干土质量/g				
水质量/g				
含水率/%				
平均含水率/%				
干密度/(g/cm³)				
平均干密度/(g/cm³)				
最大干密度/(g/cm³)				
压实度/%				
备注:				

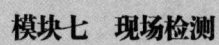

模块七 现场检测

实验报告

试验题目		成绩	
试验目的和意义			
主要试验步骤			
结论:			

试验四十五　挖坑灌砂法测定压实度

一、目的和适用范围

（1）本试验法适用于在现场测定基层（或底基层）、砂石路面及路基土的各种材料压实层的密度和压实度，也适用于沥青表面处治、沥青贯入式路面层的密度和压实度检测，但不适用于填石路堤等有大孔洞或大孔隙材料的压实度检测。

（2）当集料的最大粒径小于 13.2 mm、测定层的厚度不超过 150 mm 时，宜采用 ϕ100 mm 的小型灌砂筒测试。当集料的最大粒径等于或大于 13.2 mm，但不大于 31.5 mm，测定层的厚度 I 不超过 200 mm 时，应用 ϕ150 mm 的大型灌砂筒测试。

二、仪具与材料

（1）灌砂筒：有大小两种，根据需要采用。当尺寸与表中不一致，但不影响使用时，亦可使用。储砂筒筒底中心有一个圆孔，下部装一倒置的圆锥形漏斗，漏斗上端面开口，直径与储砂筒底中心有一个圆孔，漏斗焊接在一块铁板上，铁板中心有一圆孔与漏斗上开口相接。在储砂筒筒底与漏斗顶端铁板之间设有开关。开关为一薄铁板，一端与筒底及漏斗铁板铰接在一起，另一端伸出筒身外，开关铁板上也有一个相同直径的圆孔。

（2）金属标定罐：用薄铁板制作的金属罐，上端周围有一罐缘。

（3）基板：用薄铁板制作的金属方盘，盘的中心有一圆孔。

（4）玻璃板：边长约 500～600 mm 的方形板。

（5）试样盘：小筒挖出的试样可用饭盒存放。大筒挖出的试样可用 300 mm × 500 mm × 400 mm 的搪瓷盘存放。

（6）天平或台秤：称量 10～15 kg，感量不大于 1 g。用于含水率测定的天平精度，对细粒土、中粒土、粗粒土宜分别为 0.01 g、0.1 g、1.0 g。

（7）含水率测定器具：如铝盒、烘箱等。

（8）量砂：粒径 0.3～0.6 mm 清洁干燥的均匀砂，约 20～40 kg，使用前须洗净、烘干，并放置足够的时间，使其与空气的湿度达到平衡。

（9）盛砂的容器：塑料桶等。

（10）其他：凿子、改锥、铁锤、长把勺、长把小簸箕、毛刷等。

三、操作步骤

（1）按现行试验方法对检测对象试样用同一种材料进行击实试验，得到最大干密度 ρ_c 及最佳含水率。

（2）按仪具与材料中的规定选用适宜的灌砂筒。

（3）按下列步骤标定灌砂筒下部圆锥体内砂的质量：

① 在灌砂筒筒口高度上，向灌砂筒内装砂至距筒顶 15 mm 左右为止，称取装入筒内砂的质量 m_1，准确至 1 g。以后每次标定及试验都应该维持装砂高度与质量不变。

② 将开关打开，使灌砂筒筒底的流砂孔、圆锥形漏斗上端开口圆孔及形状铁板中心的圆上下对准，让砂自由流出，并使流出砂的体积与工地所挖坑内的体积相当（或等于标定罐的容积），然后关上开关。

③ 不晃动储砂筒的砂，轻轻地将罐砂筒移至玻璃板上，将开关打开，让砂流出，直到筒内砂不再下流时，将开关关上，并细心地取走灌砂筒。

④ 收集并称量留在玻璃板上的砂或称量筒内的砂，准确至 1 g。玻璃板上的砂就是填满筒下部圆锥体的砂 m_2。

⑤ 重复上述测量三次，取其平均值。

（4）按下列步骤标定量砂的单位质量 γ_s（g/cm³）：

① 用水确定标定罐的容积 V，准确至 1 mL。

② 在储砂筒中装入质量为 m_1 的砂，并将灌砂筒放在标定罐上，将开关打开，让砂流出。在整个流砂过程中，不要碰动灌砂筒，直到储砂筒内的砂不再下流时，将开关关闭。取下灌砂筒，称取筒内剩余的质量 m_3，准确至 1 g。

③ 按式（45.1）计算填满标定罐所需砂的质量 m_a（g）：

$$m_a = m_1 - m_2 - m_3 \tag{45.1}$$

式中 m_a——标定罐中砂的质量，g；
m_1——装入灌砂筒内的砂的总质量，g；
m_2——灌砂筒下部圆锥体内砂的质量，g；
m_3——灌砂入标定罐后，筒内剩余砂的质量，g；

④ 重复上述测量三次，取其平均值。

⑤ 按式（45.2）计算量砂的单位质量 γ_s：

$$\gamma_s = \frac{m_a}{V} \tag{45.2}$$

式中 γ_s——量砂的单位质量，g/cm³；
V——标定罐的体积，cm³。

（5）按下列步骤测定压实度。

① 在试验地点，选一块平坦表面，并将其清扫干净，其面积不得小于基板面积。

② 将基板放在平坦表面上，当表面的粗糙度较大时，则将盛有量砂（m_5）的灌砂筒放在基板中间的圆孔上，将灌砂筒的开关打开，让砂流入基板的中孔内，直到储砂筒内的砂不再下流时关闭开关。取下灌砂筒，并称量筒内砂的质量（m_6），准确至 1 g。

注：当需要检测厚度时，应先测量厚度后再进行这一步骤。

③ 取走基板，并将留在试验地点的量砂收回，重新将表面清扫干净。

④ 将基板放回清扫干净的表面上（尽量放在原处），沿基板中孔凿洞（洞的直径与灌砂筒一致）。在凿洞过程中，应注意不使凿出的材料丢失，并随时将凿松的材料取出装入塑料袋中，不使水分蒸发。也可放在大试样盒内。试洞的深度应等于测试层厚度，但不得有下层材料混入，最后将洞内的全部凿松材料取出。对土基或基层，为防止试样盘内材料的水分蒸发，可分几次称取材料的质量。全部取出材料的总质量为 m_w，准确至 1 g。

⑤ 从挖出的全部材料中取有代表性的样品，放在铝盒或洁净的搪瓷盘中，测定其含水率（w，以％计）。样品的数量如下：用小灌砂筒测定时，对于细粒土，不少于 100 g；对于各

种中粒土，不少于 500 g。用大灌砂筒测定时，对于细粒土，不少于 200 g；对于各种中粒土，不少于 1 000 g；对于粗粒土或水泥、石灰、粉煤灰等无机结合料稳定材料，宜将取出的全部材料烘干，且不少于 2 000 g，称其质量（m_d），准确至 1 g。（注：当为沥青表面转入式结构类材料时，则省去测定含水率步骤）

⑥ 将基板安放在试坑上，将灌砂筒安放在基板中间（储砂筒内放满砂到要求质量 m_1），使灌砂筒的下口对准基板的中孔及试洞，打开灌砂筒的开关，让砂流入试坑内，在此期间，应注意勿碰动灌砂筒。直到储砂筒内的砂不再下流时，关闭开关，仔细取走灌砂筒，并称量筒内剩余砂的质量（m_4），准确至 1 g。

⑦ 如清扫干净的平坦表面的粗糙度不大，也可省去（2）和（3）的操作。在试洞挖好后，将灌砂筒直接对准放在试坑上，中间不需要放基板。打开筒的开关，让砂流入试坑内。在此期间，应注意勿碰动灌砂筒。直到储砂筒内的砂不再下流时，关闭开关。仔细取走灌砂筒，并称量剩余砂的质量（m_4'），准确至 1 g。

⑧ 仔细取出试筒内的量砂，以备下次试验时再用。若量砂的湿度已发生变化或量砂中混有杂质，则应该重新烘干、过筛，并放置一段时间，使其与空气的湿度达到平衡再用。

四、结果整理

（1）按式（45.3）、（45.4）计算填满试坑所用的砂的质量 m_b。

灌砂时，试坑上放有基板时

$$m_b = m_1 - m_4 - (m_5 - m_6) \tag{45.3}$$

灌砂时，试坑上不放基板时

$$m_b = m_1 - m_4' - m_2 \tag{45.4}$$

式中　m_b——填满试坑的砂的质量，g；
　　　m_1——灌砂前灌砂筒内砂的质量，g；
　　　m_2——灌砂筒下部圆锥体内砂的质量，g；
　　　m_4、m_4'——灌砂后，灌砂筒内剩余的质量，g；
　　　$m_5 - m_6$——灌砂筒下部圆锥体内及基板和粗糙表面间砂的合计质量，g。

（2）按式（45.5）计算试坑材料的湿密度 ρ_w。

$$\rho_w = \frac{m_w}{m_b} \gamma_s \tag{45.5}$$

式中　m_w——试坑中取出的全部材料的质量，g；
　　　γ_s——量砂的单位质量，g/cm³。

（3）按式（45.6）计算试坑材料的干密度 ρ_d。

$$\rho_d = \frac{\rho_w}{1 + 0.01w} \tag{45.6}$$

式中　w——试坑材料的含水率，%。

（4）当为水泥、石灰、粉煤灰等无机结合料稳定土时，可按式（45.7）计算干密度 ρ_d。

$$\rho_{\mathrm{d}} = \frac{m_{\mathrm{d}}}{m_{\mathrm{b}}} \gamma_{\mathrm{s}} \qquad (45.7)$$

式中 m_{d}——试坑中取出的稳定土的烘干质量，g。

（5）按式（45.8）计算施工压实度。

$$K = \frac{\rho_{\mathrm{d}}}{\rho_{\mathrm{c}}} \times 100 \qquad (45.8)$$

式中 K——测试地点的施工压实度，%；

ρ_{d}——试样的干密度，g/cm³；

ρ_{c}——由击实试验得到的试样的最大干密度，g/cm³。

注：当试坑材料组成与击实试验的材料有较大差异时，可以试坑材料作标准击实，求取实际的最大干密度。各种材料的干密度均应准确至 0.01 g/cm³。

（6）试验结果记录于表 45.1。

表 45.1 压实度试验记录（灌砂法）

工程名称						委托单编号		
委托单位						试验日期		
结构层次						试验依据		
填筑材料						设备编号		
取样桩号								
取样位置								
土样说明								
压实厚度/cm								
量砂密度/（g/cm³）								
量砂总质量/g								
剩砂质量/g								
圆锥体耗砂质量/g								
试坑及圆锥体耗砂质量/g								
试坑体积/cm³								
土样湿质量/g								
湿密度/（g/cm³）								
土含水率	土样干质量/g							
	水质量/g							
	含水率/%							
含石率/%								
干密度/（g/cm³）								
标准干密度/（g/cm³）								
压实度/%								

实验报告

试验题目		成绩	
试验目的和意义			
主要试验步骤			
结论：			

试验四十六　摆式仪测定路面摩擦系数试验

一、目的与适用范围

本方法适用于以摆式摩擦系数测定仪（摆式仪）测定沥青路面、标线或其他材料试件的抗滑值，用以评定路面或路面材料试件在潮湿状态下的抗滑能力。

二、仪具与材料

（1）摆式仪：摆及摆的连接部分总质量为（1 500 ± 30）g，摆动中心至摆的重心距离为（410 ± 5）mm，测定时摆在路面上滑动长度为（126 ± 1）mm，摆上橡胶片端部距摆动中心距离为 510 mm，橡胶片对路面的正向静压力为（22.2 ± 0.5）N。

（2）橡胶片：当用于测定路面抗滑值时，其尺寸为 6.35 mm × 25.4 mm × 76.2 mm。橡胶质量应符合表 46.1 的要求。当橡胶片使用后，端部在长度方向上磨耗超过 1.6 mm 或边缘在宽度方向上磨耗超过 3.2 mm 或有油类污染时，即应更换新橡胶片，新橡胶片应先在干燥路面上测试 10 次后再用于测试。橡胶片的有效使用期从出厂日期起算为 12 个月。

（3）滑动长度量尺：长 126 mm。

（4）喷水壶。

（5）硬毛刷。

（6）路面温度计：分度不大于 1 ℃。

（7）其他：扫帚、记录表格等。

表 46.1　橡胶物理性质技术要求

性质指标	温度/°C				
	0	10	20	30	40
弹性/%	43 ~ 49	58 ~ 65	66 ~ 73	71 ~ 77	74 ~ 79
硬度/IR	55 ± 5				

三、操作步骤

1. 准备工作

（1）检查摆式仪的调零灵敏情况，并定期进行仪器的标定。

（2）按相关规范规定的方法，进行测试路段的取样选点。在横断面上测点应选在行车道轮迹处，且距路面边缘应不小于 1 mm。

2. 测试步骤

（1）清洁路面：用扫帚或其他工具将测点处的路面打扫干净。

（2）按如下步骤调平仪器：

① 将仪器置于路面测点上，并使摆的摆动方向与行车方向一致。

② 转动底座上的调平螺栓，使水准泡居中。

（3）按如下步骤将仪器调零：

① 放松紧固把手，转动升降把手，使摆升高并能自由摆动，然后旋紧紧固把手。

② 将摆固定在右侧悬臂上，使摆处于水平释放位置，并把指针拨至右端与摆杆平行处。

③ 按下释放开关，使摆向左带动指针摆动，当摆达到最高位置后下落时，用手将摆杆接住，此时指针应指零。

④ 若不指零，可稍旋紧或旋松摆的调节螺母。

⑤ 重复上述4个步骤，直至指针指零。调零允许误差为±1。

（4）校准滑动长度。

① 让摆处于自然下垂状态，松开固定把手，转动升降把手，使摆下降。与此同时，提起举升柄使摆向左侧移动，然后放下举升柄使橡胶片下缘轻轻触地，紧靠橡胶片摆放滑动长度量尺，使量尺左侧对准橡胶片下缘；再提起举升柄使摆向右侧移动，然后放下举升柄使橡胶片下缘轻轻触地。

② 检查橡胶片下缘，应与滑动长度量尺的右端齐平：

a. 若齐平，则说明橡胶片两次触地的距离（滑动长度）符合126 mm的规定。校核滑动长度时，应以橡胶片长边刚刚接触路面为准，不可借摆的力量向前滑动，以免标定的滑动长度与实际不符。

b. 若不齐平，升高或降低摆或仪器底座的高度。微调时用旋转仪器底座上的调平螺丝调整仪器底座的高度的方法比较方便，但需注意保持水准泡居中。

（5）将摆固定在右侧悬臂上，使摆处于水平释放位置，并把指针拨至右侧与摆杆平行处。

（6）用喷水壶浇洒测点，使路面处于湿润状态。

（7）按下右侧悬臂上的释放开关，使摆在路面滑过。当摆杆回落时，用手接住，读数但不记录。然后使摆杆和指针重新置于水平释放位置。

（8）重复（6）和（7）的操作5次，并读记每次测定的摆值。

注：单点测定的5个值中最大值与最小值的差值不得大于3。如差值大于3时，应检查产生的原因，并再次重复上述各项操作，至符合规定为止。

（9）在测点位置用温度计测记潮湿路表温度，精确至1 ℃。

（10）每个测点由3个单点组成，即需按以上方法在同一测点处平行测定3次，以3次测定结果的平均值作为该测点的代表值（精确到1）。3个单点均应位于轮迹带上，单点间距离为3~5 m。该测点的位置以中间单点的位置表示。

四、结果整理

（1）抗滑值的温度修正。

当路面温度为 t（℃）时，测得的摆值 BPN_t 必须按式换算成标准温度 20 ℃ 的摆值 BPN_{20}。

$$BPN_{20} = BPN_t + \Delta BPN \tag{46.1}$$

式中　　BPN_{20}——换算成标准温度 20 ℃ 时的摆值；

　　　　BPN_t——路面温度 t 时测得的摆值；

　　　　ΔBPN——温度修正值按表 46.2 采用。

表 46.2　温度修正值

温度/℃	0	5	10	15	20	25	30	35	40
温度修正值 ΔBPN	−6	−4	−3	−1	0	+2	+3	+5	+7

（2）试验结果记录于表 46.3。

表 46.3　摆式仪测定路面抗滑值试验记录

工程部位/用途						委托/任务编号				
试验依据						样品编号				
样品描述						试验日期				
试验条件										
主要仪器设备及编号										
结构层次						路面类型				
测点桩号	抗滑值单独值（BPN）					路面温度/℃	温度修正后的平均值（BPN）	一个评定路段路面抗滑值		
	1	2	3	4	5	平均值（BPN）			平均值（BPN）	标准差（BPN）	变异系数/%
备注：											

实验报告

试验题目		成绩	
试验目的和意义			
主要试验步骤			
结论:			

试验四十七　沥青路面渗水系数测定试验

一、目的与使用范围

本方法适用于在路面现场测定沥青路面的渗水系数。

二、仪具与材料

（1）路面渗水仪：上部盛水量筒由透明有机玻璃制成，容积 600 mL，上有刻度，在 100～500 mL 处有粗标线，下方通过 ϕ10 mm 的细管与底座相接，中间有一开关。量筒通过支架联结，底座下方开口内径 ϕ150 mm，外径 ϕ220 mm，仪器附不锈钢圈压重两个，每个质量约 5 kg，内径 ϕ160 mm。

（2）水筒及大漏斗。

（3）秒表。

（4）密封材料：防水腻子、油灰或橡皮泥。

（5）其他：水、粉笔、塑料圈、刮刀、扫帚等。

三、操作步骤

1. 准备工作

（1）在测试路段的行车道路面上，按随机取样方法选择测试位置，每一个检测路段应测定 5 个测点，并用粉笔画上测试标记。

（2）试验前，首先用扫帚清扫表面，并用刷子将路面表面的杂物刷去。杂物的存在一方面会影响水的渗入；另一方面也会影响渗水仪和路面或者试件的密封效果。

2. 测试步骤

（1）将塑料圈置于试件中央或者路面表面的测点上，用粉笔分别沿塑料圈的内侧和外侧画上圈，在外环和内环之间的部分就是需要用密封材料进行密封的区域。

（2）用密封材料对环状密封区域进行密封处理，注意不要使密封材料进入内圈，如果密封材料不小心进入内圈，必须用刮刀将其刮走。然后再将搓成拇指粗细的条状密封材料摞在环状密封区域的中央，并且摞成一圈。

（3）将渗水仪放在试件或者路面表面的测点上，注意使渗水仪的中心尽量和圆环中心重合，然后略微使劲将渗水仪压在条状密封材料表面，再将配重加上，以防压力水从底座与路面见流出。

（4）将开关关闭，向量筒中注满水，然后打开开关，使量筒中的水下流排出渗水仪底部内的空气，当量筒中水面下降速度变慢时用双手轻压渗水仪使渗水仪底部的气泡全部排出，关闭开关，并再次向量筒中注满水。

（5）将开关打开，待水面下降至 100 mL 刻度时，立即开动秒表开始计时，每间隔 60 s，读记仪器管的刻度一次，至水面下降 500 mL 时为止。测试过程中，如水从底座与密封材料间渗出，说明底座与路面密封不好，应移至附近干燥路面处重新操作。当水面下降速度较慢，则测定 3 min 的渗水量即可停止；如果水面下降速度较快，在不到 3 min 的时间内到达了 500 mL 刻度线，则记录到达了 500 mL 刻度线时的时间；若水面下降至一定程度后基本保持不动，说明基本不透水或根本不透水，在报告中注明。

（6）按以上步骤在同一个检测路段选择 5 个测点测定渗水系数，取其平均值作为检测结果。

四、结果整理

（1）计算时以水面从 100 mL 下降到 500 mL 所需的时间为标准，若渗水时间过长，也可以采用 3 min 通过的水量计算。路面渗水系数按式（47.1）计算。

$$C_w = \frac{V_2 - V_1}{t_2 - t_1} \times 60 \tag{47.1}$$

式中　C_w——路面渗水系数，mL/min；

V_1——第一次计时时的水量，mL，通常为 100 mL；

V_2——第二次计时时的水量，mL，通常为 500 mL；

t_1——第一次计时的时间，s；

t_2——第二次计时的时间，s。

（2）现场检测，每一个检测路段应测定 5 个测点，计算其平均值作为检测结果。若路面不透水，则注明渗水系数为 0。

（3）试验结果记录于表 47.1。

表 47.1　沥青混凝土路面渗水试验记录

工程部位/用途							委托/任务编号			
试验依据							样品编号			
样品描述							试验日期			
试验条件										
主要仪器设备及编号										
结构层次							路面类型			

检测路段	测点桩号	渗水量/mL				渗水系数/(mL/min)	渗水系数平均值/(mL/min)	标准差/(mL/min)	变异系数/%
		第1 min末	第2 min末	第3 min末	水面到达500 mL的时间				

备注：

实验报告

试验题目		成绩	
试验目的和意义			
主要试验步骤			
结论：			

试验四十八　回弹仪法测定水泥混凝土强度试验

一、目的和适用范围

（1）本方法适用于在现场对水泥混凝土路面及其他构筑物的普通混凝土抗压强度的快速评定，所试验的水泥混凝土厚度不得小于 100 mm，湿度应不低于 10 ℃。

（2）回弹法试验可作为试块强度的参考，不得用于代替混凝土的强度评定，不适于作为仲裁试验或工程验收的最终依据。

二、仪具与材料

（1）混凝土回弹仪：指针直读式的混凝土回弹仪，也可采用数字显示或自记录式的回弹仪。回弹仪应符合下列标准：

① 水平弹击时，在弹击锤脱钩的瞬间，回弹仪的标称动能为 207 J。

② 弹击锤与弹击杆碰撞的瞬间，弹击拉簧处于自由状态，此时弹击锤起点应位于刻度尺的零点处。

③ 在洛氏硬度为 HRC60 ± 2 的钢砧上，回弹仪的率定值应为 80 ± 2。

（2）酚酞酒精溶液，浓度为 1%。

（3）手提式砂轮。

（4）钢砧：洛氏硬度 HRC60 ± 2。

（5）其他：卷尺、钢尺、凿子、锤、毛刷等。

三、回弹仪检定与保养

（1）回弹仪有下列情况之一时，应送检定单位校验。检验合格的回弹仪应具有检定合格证，其有效期为半年。

① 累计弹击次数超过 6 000 次。

② 弹击拉簧座、弹击杆、缓冲压簧、中心导杆、导向法兰、弹击锤、指针轴、指针片、指针块、挂钩及调零螺丝等主要零件之一经更换后。

③ 弹击拉簧前端不在拉簧座原孔位或调零螺丝松动。

④ 遭受严重撞击或其他损害。

（2）回弹仪有下列情况之一时，应在钢砧上进行率定试验：

① 进行构件测试前后，如连续数天测试，可在每天测试完毕后率定一次；

② 测定过程中对回弹值有怀疑时。

如率定试验结果不在规定的 80±2 范围内，应对回弹仪进行常规保养后再进行率定，如再次率定仍不合格，应送检定单位检验。

（3）回弹仪率定步骤如下：

回弹仪率定试验宜在室温为（20±5）℃ 的条件下进行。率定时，钢砧应稳固地平放在刚度大的混凝土地平上，回弹仪向下弹击时，弹击杆应分 4 次旋转，每次旋转约 90°，弹击 3~5 次，取其中最后连续 3 次且读数稳定的回弹值进行平均，使之作为率定值。

四、操作步骤

1. 测区和测点布置

（1）当试验对象为水泥混凝土路面时，将一块混凝土板作为一个试样，试样的选择由随机取样方法决定。每个试样的测区数不宜少于 10 个，相邻两测区的间距不宜大于 2 m；测区宜在试样的可测表面上均匀分布，并宜避开板边板角。

（2）对其他混凝土构造物，测区应避开位于混凝土内保护层附近设置的钢筋，测区宜在试样的两相对表面上有两个基本对称的测试面，如不能满足这一要求，一个测区允许只有一个测面。

（3）测区表面应清洁、干燥、平整，不应有接缝、饰面层、粉刷层、浮浆、油垢等以及蜂窝、麻面，必要时可用砂轮清除表面的杂物和不平整处，磨光的表面不应有残留粉尘或碎屑。

（4）一个测区的面积不宜大于 200 mm × 200 mm，每一测区宜测定 16 个测点，相邻两测点的间距不宜小于 3 cm。测点距路面边缘或接缝的距离应不小于 5 cm。

（5）对龄期超过 3 个月的硬化混凝土，应测定混凝土表层的碳化深度，进行回弹值修正，也可用砂轮将碳化层打磨掉以后进行测定，但经打磨的不得与未打磨的混在一起计算或与之进行试块强度比较。

2. 回弹值测定

在测试过程中，回弹仪的轴线应始终垂直于混凝土路面，具体操作应符合下列要求：

（1）将回弹仪的弹击杆顶住混凝土表面，轻压仪器，使按钮松开，弹击杆徐徐伸出，并使挂钩挂上弹击锤。

（2）使回弹仪对混凝土表面缓慢均匀施压，待弹击锤脱钩，冲击弹击杆后，弹击锤即带动指针向后移动直至到达一定位置时，指针块的刻度线即在刻度尺上指示某一回弹值。

（3）使回弹仪继续顶住混凝土表面，进行读数并记录回弹值，如条件不利于读数，可按下按钮，锁住机芯，将回弹仪移至他处读数，准确至 1 个单位。

（4）逐渐对回弹仪减压，使弹击杆自机壳伸出，挂钩挂上弹击锤，待下一次使用。

3. 碳化深度测定

（1）对龄期超过 3 个月的混凝土，回弹值测量完毕后，可在每个测区上选择一处测量混凝土的碳化深度值。当相邻测区的混凝土土质或回弹值与它基本相同时，则该测区测得的碳化深度值也可代表相邻测区的碳化深度值。

（2）测量碳化深度值时，可用合适的工具在测区表面形成直径约为 15 mm 的孔洞（其深度略大于混凝土的碳化深度），然后用毛刷除去孔洞中的粉末和碎屑（不得用液体洗），并立即用浓度为 1% 酚酞酒精溶液洒在孔洞内壁的边缘处，再用钢尺测量自混凝土表面至深部不变色（未碳化部分变成紫红色）、有代表性交界处的垂直距离 1~2 次，该距离即为混凝土的碳化深度值，每次测读至 0.5 mm。

五、结果整理

（1）将一个测区的 16 个测点的回弹值，去掉 3 个最大值及 3 个最小值，用其余 10 个回弹值按式（48.1）计算测区平均回弹值。

$$\bar{N}_s = \frac{\sum N_i}{10} \tag{48.1}$$

式中　$\bar{N}_s$——测区平均加强弹值，准确至 0.1；
　　　N_i——第 i 个测点的回弹值。

（2）当回弹仪非水平方向测试混凝土浇筑侧面时，应根据回弹仪轴线与水平方向的角度将测得的数据进行修正，计算非水平方向测定的修正回弹值。当测定水泥混凝土路面为向下垂直方向时，测试角度 -90°，回弹修正值 ΔN 如表 48.1 所示。修正区平均回弹值按式（48.2）计算。

$$\bar{N} = \bar{N}_s + \Delta N \tag{48.2}$$

式中　$\bar{N}$——经非水平测定修正的测区平均回弹值；
　　　$\bar{N}_s$——回弹仪实测的测区平均回弹值；
　　　ΔN——非水平测量的回弹值修正值，由下表或内插法求得，准确至 0.1。

表 48.1　非水平方向测定的修正回弹值 ΔN

与水平方向所成的角度		+90°	+60°	+45°	+30°	-30°	-45°	-60°	-90°
$\bar{N}_s$	20	-6.0	-5.0	-4.0	-3.0	+2.5	+3.0	+3.5	+4.0
	30	-5.0	-4.0	-3.5	-2.5	+2.0	+2.5	+3.0	+3.5
	40	-4.0	-3.5	-3.0	-2.0	+1.5	+2.0	+2.5	+3.0
	50	-3.5	-3.0	-2.5	-1.5	+1.0	+1.5	+2.0	+2.5

（3）平均碳化深度的计算按式（48.3）计算。

$$\overline{L} = \frac{1}{n}\sum_{i=1}^{n} L_i \tag{48.3}$$

式中　$\overline{L}$ ——平均碳化深度，mm；

　　　L_i ——第 i 测点碳化深度，mm；

　　　n ——测点数。

如平均碳化深度值 $\overline{L}$ 小于或等于 0.4 mm，按无碳化处理（即平均碳化深度为 0）；如等于或大于 6.0 mm 时，取 6.0 mm；对新浇混凝土龄期不超过 3 个月者，可视为无碳化。

（4）混凝土强度推算。

① 当需要将回弹值换算为混凝土强度时，宜采用下列方法：

a. 有试验条件时，宜通过试验建立实际的测强曲线，但测强曲线仅适用于材料质量、成型、养护和龄期等条件基本相同的混凝土。混凝土标准试块为 15 cm × 15 cm × 15 cm，采用 1.5、1.75、2.0、2.25、2.50 五个灰水比，以便得到不少于 30 对数据。试件与被测对象有相同的养护条件，到达龄期后，将试块用压力机加压至 30 ~ 50 kN 稳住，用回弹仪在两侧面分别测定 8 个测点，按上式计算平均回弹值，然后进行抗压强度试验，用最小二乘法建立二者相关关系的推定式，推定式可为直线式或其他适当的形式，但相关系数不得小于 0.90，然后根据测区平均回弹值利用测强曲线推定混凝土抗压强度。

b. 当无足够的试验数据或相关关系的推定式不够满意时，可用式（48.4）推算混凝土抗压强度。

$$R = 0.025\overline{N}^2 \tag{48.4}$$

式中　R ——水泥混凝土的抗压强度，MPa；

　　　$\overline{N}$ ——测区混凝土平均回弹值。

② 在没有条件通过试验建立实际的测强曲线时，每个测区混凝土抗压强度值 R_i 可按平均回弹值 $\overline{N}$ 及平均碳化深度值 $\overline{L}$ 根据相关表查出。

③ 按计算测定对象全部测区的混凝土抗压强度的平均值、标准差、变异系数。

表 48.2 水泥混凝土抗压强度（回弹法）测试记录

工程名称																			
委托单位					委托单编号														
结构层次					试验日期														
填筑材料					试验依据														
					设备编号														
编号	测区	回弹值														$\bar{N}_s$	角度修正后的测区平均回弹值 $\bar{N}$	碳化深度 L_i/mm	测区混凝土抗压强度/MPa
		1	2	3	4	5	6	7	8	9	10	11	12	13	14	15	16			
工程部位	1																			
	2																			
	3																			
	4																			
	5																			
	6																			
	7																			
	8																			
	9																			
	10																			
测试温度					评定强度/MPa													标准差/MPa		
混凝土浇筑日期					混凝土龄期/d													变异系数/%		

实验报告

试验题目		成绩	
试验目的和意义			
主要试验步骤			
结论:			

试验四十九 动力触探(轻、重型、特重型)试验

一、目的和适用范围

(1)动力触探适用于黏性土,砂类土和碎石类土的动力触探检测。

(2)动力触探可分为轻型、重型和特重型。轻型动力触探可确定一般黏性土地基承载力,重型和特重型动力触探可确定中砂以上的砂类土和碎石土地基承载力,测定圆砾土、卵石土的变形模量。动力触探还可用于查明地层在垂直和水平方向的均匀程度和确定桩基持力层。

(3)动力触探检划分土层并定名时,应与其他勘探测试手段相结合;确定地基承载力或变形模量时,动力触探孔数应根据场地大小、建筑物等级及土层均匀程度综合考虑,但同一场地应不少于3孔。

二、仪具与材料

(1)动力触探设备类型和规格符合表49.1中规定。

表 49.1 动力触探设备类型和规格

类型及代号	重锤质量/kg	重锤落距/cm	探头截面积/cm²	探杆外径/mm	动力触探击数	
					符 号	单 位
轻型 DPL	10±0.2	50±2	13	25	N_{10}	击/30 cm
重型 DPH	63.5±0.5	76±2	43	42、50	$N_{63.5}$	击/10 cm
特重型 DPSH	120±1.0	100±2	43	50	N_{120}	击/10 cm

(2)动力触探设备主要参数应符合以下要求:

① 轻型动力触探探头外形应符合相关规定。材料应采用45号碳素钢或采用优于45号碳素钢的钢材。表面硬度 $HRC = 45 \sim 50$。

② 重型、特重型动力触探设备,符合下列要求:

a. 探头:外形尺寸符合规定,材质符合本条上款要求。

b. 探杆:每米质量不宜大于7.5 kg。探杆接头外径应与探杆外径相同,探杆和探头材料应采用耐疲劳高强度的钢材。

c. 锤座直径应小于锤径1/2,并大于100 mm;导杆长度应满足重锤落距的要求,锤座和导杆总质量为20~25 kg。

d. 重锤应采用圆柱形,高径比1~2。重锤中心的通孔直径应比导杆外径大3~4 mm。

三、操作步骤

1. 准备工作

（1）动力触探作业前必须对机具设备进行检查，确认正常方可启动。部件磨损及变形超过下列规定者，应予更换或修复。

① 探头允许磨损量：直径磨损不得大于 2 mm，锥尖高度磨损不得大于 5 mm；
② 每节探杆非直线偏差不得大于 0.6%；
③ 所有部件连接处丝扣应完好，连接紧固。

（2）动力触探机具安装必须稳固，在作业过程中支架不得偏移。

2. 试验步骤

（1）动力触探时，应始终保持重锤沿导杆铅直下落，锤击频率应控制在 15～30 击/min。

（2）轻型动力触探作业时，应先用轻便钻具至所需测试土层的顶面，然后对该土层连续贯入。当贯入 30 cm 的击数超过 90 击或贯入 15 cm 超过 45 击时，可停止作业。如需对下卧层进行测试时，可用钻探方法穿透该层后继续触探。

（3）根据地层强度变化，重型和特重型动力触探可互换使用。重型动力触探实测击数大于 50 击/10 cm 时，宜改用特重型；当重型动力实测击数小于 50 击/10 cm 时，不得采用特重型动力触探。

（4）在预钻孔内进行重型或特重型动力触探作业时，钻孔孔径大于 90 cm、孔深大于 3 m、实测击数大于 8 击/10 cm 时，可用小于或等于 90 mm 的孔壁管下放至孔底或用松土回填钻孔，以减小探杆径向晃动。

（5）各类型的动力触探的锤座距孔口高度不宜超过 1.5 m，探杆应保持竖直。

（6）轻型动力触探应每贯入 30 cm 记录其相应击数。

（7）重型、特重型动力触探应每贯入 10 cm 记录其相应击数，地层松软时，可采用测量每击（一般为 1～5 击）的贯入度，并按式（49.1）换算成相当于同类型动力触探贯入 10 cm 时的击数。

$$N_{63.5} 或 N_{120} = \frac{10n}{\Delta s} \tag{49.1}$$

式中　$N_{63.5}$ 或 N_{120}——重型、特重型动力触探实测击数，击/10 cm；
　　　n——每阵击的击数，击；
　　　Δs——每阵击时相应的贯入度，cm。

（8）现场记录应清晰完整，除了现场登记表记录外，还要在备注栏中记录下列事项：

① 贯入间断原因及时间；
② 落距超限量，落锤回弹情况；

③ 探杆及导杆偏斜及径向震动情况；
④ 接头紧固情况；
⑤ 其他情况。

四、结果整理

（1）动力触探记录应在现场进行初步整理，并对记录的击数和贯入尺寸进行校核和换算。

（2）轻型动力触探应以每层实测击数的算术平均值作为该层的触探击数平均值 $\bar{N}_{10}$。

（3）动力触探实测击数 $N_{63.5}$。应按式（49.2）进行杆长击数的修正。

$$N'_{63.5} = \alpha N_{63.5} \tag{49.2}$$

式中　$N'_{63.5}$——重型动力触探修正后击数，击/10 cm；

α——杆长修正击数（见《铁路工程地质原位测试规程》TB10018—2003、J261—2003）。

（4）特重型动力触探的实测击数，应先按式（49.3）换算相当于重型动力触探的实测击数后，再按相关规程进行修正。

$$N_{46.5} = 3N_{120} - 0.5 \tag{49.3}$$

（5）根据修正后的动力触探击数，绘制动力触探击数与贯入深度曲线图，如图 49.1 所示。

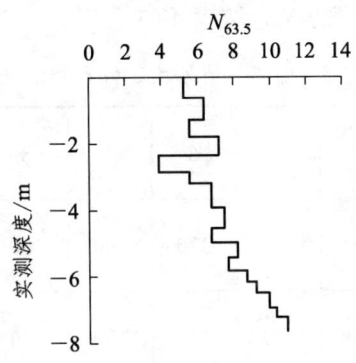

图 49.1　动力触探击数与贯入深度曲线图

（6）地基土力学分层应根据动力触探击数与贯入深度曲线图，结合场地地质资料进行。由软层（小击数）进入硬层（大击数）时，分层界线应在软层最后一个小值点以下 10~20 cm 处。

（7）分层后各层动力触探击数平均值的确定，应符合下列要求：

① 在各层土的厚度范围内，划分出地层界面处上、下土层影响击数的范围，中间部分称为该层的有效厚度 H_h。

② 在有效厚度范围内,剔除少量击数特殊大值(剔除点的数量不超过有效厚度内测点数的 10%),余留部分为该层动力触探有效击数。

③ 重型动力触探击按式(49.4)计算。

$$\overline{N}_{63.5} = \frac{\sum_{1}^{n} N'_{63.5}}{n} \tag{49.4}$$

式中　n——参加统计的测点数。

(8)当有效厚度小于 0.3 m 时,动力触探击数平均值可按下列原则确定:

① 当上、下均为击数较小的土层时,$\overline{N}_{63.5}$ 可取该土层触探击数的最大值 $\{N'_{63.5}\}_{max}$;

② 当上、下均为击数较大的土层时,$\overline{N}_{63.5}$ 应取小于或等于该土层触探击数的最小值 $\{N'_{63.5}\}_{min}$。

(9)黏性土地基的基本承载力 σ_0,当贯入深度小于 4 m 时,可根据场地土层的 $\overline{N}_{10}$ 按表 49.2 确定。

表 49.2　黏性土 σ_0 值(kPa)

$\overline{N}_{10}$/(击/30 cm)	15	20	25	30
σ_0/kPa	100	140	180	220

注:表内数值可以线性内插。

(10)冲积、洪积成因的中砂～砾砂土地基和碎石类土地基的基本承载力 σ_0,当贯入深度小于 20 m 时,可根据场地土层的 $\overline{N}_{63.5}$ 按表 49.3 确定。

表 49.3　中砂～砾砂土、碎石类土 σ_0 值

$\overline{N}_{63.5}$/(击/10 cm)	3	4	5	6	7	8	9	10	12	14
中砂～砾砂土	120	150	180	220	260	300	340	380	—	—
碎石类土	140	170	200	240	280	320	360	400	480	540
$\overline{N}_{63.5}$/(击/10 cm)	16	18	20	22	24	26	28	30	35	40
碎石类土	600	660	720	780	830	870	900	930	970	1000

(11)试验结果记录入表 49.4。

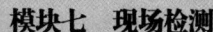

模块七 现场检测

表 49.4 地基承载力(轻、重型动力触探)试验记录

试样描述			委托单编号		
			试验日期		
试样信息			试验依据		
			设备编号		
触探类型			锤 重		
测点桩号			结构部位		
触探位置	锤击次数	贯入量/cm	每贯入 30 cm 或 10 cm 的击数	地基容许承载力 /MPa	设计承载力 /MPa
1					
2					
3					
4					
5					
6					
7					
8					
9					
10					

示意图

说明(地基干湿状况及填料种类):

实验报告

试验题目		成绩	
试验目的和意义			
主要试验步骤			

结论：

试验五十　贝克曼梁测定路基路面回弹弯沉试验

一、目的与适用范围

（1）本方法适用于测定各类路基路面的回弹弯沉以评定其整体承载能力，可供路面结构设计使用。

（2）沥青路面的弯沉检测以沥青面层平均温度20 ℃时为准，当路面平均温度在（20±2）℃以内可不修正，在其他温度测试时，对沥青层厚度大于5 cm的沥青路面，弯沉值应予温度修正。

二、仪具与材料

（1）标准车：双轴，后轴双侧4轮的载重车。其标准轴荷载、轮胎尺寸、轮胎间隙及轮胎气压等主要参数应符合表50.1的要求。测试车应采用后轴10 t标准轴载BZZ-100的汽车。

（2）路面弯沉仪：由贝克曼梁、百分表及表架组成。贝克曼梁由合金铝制成，上有水准泡，其前臂（接触路面）与后臂（装百分表）长度比为2∶1。弯沉仪长度有两种：一种长3.6 m，前后臂分别为2.4 m和1.2 m；另一种加长的弯沉仪长5.4 m，前后臂分别为3.6 m和1.8 m。当在半刚性基层沥青路面或水泥混凝土路面上测定时，应采用长度为5.4 m的贝克曼梁弯沉仪；对柔性基层或混合式结构沥青路面可采用长度为3.6 m的贝克曼梁弯沉仪测定。弯沉采用百分表量得，也可用自动记录装置进行测量。

（3）接触式路表温度计：端部为平头，分度不大于1 ℃。

（4）其他：皮尺、口哨、白油漆或粉笔、指挥旗等。

表50.1　标准车主要参数

标准轴载等级	BZZ-100
后轴标准轴载 P/kN	100±1
一侧双轮荷载/kN	50±0.5
轮胎充气压力/MPa	0.70±0.05
单轮传压面当量圆直径/cm	21.3±0.5
轮隙宽度	应满足能自由插入弯沉仪测头的测试要求

三、操作步骤

1. 准备工作

（1）检查并保持测定用标准车的车况及刹车性能良好，轮胎胎压符合规定充气压力。

（2）向汽车车槽中装载（铁块或集料），并用地中衡称量后轴总质量及单侧轮荷载，均应符合要求的轴重规定，汽车行驶及测定过程中，轴重不得变化。

（3）测定轮胎接地面积：平整光滑的硬质路面上用千斤顶将汽车后轴顶起，在轮胎下方铺一张新的复写纸和一张方格纸，轻轻落下千斤顶，即在方格纸上印上轮胎印痕，用求积仪或数方格的方法测算轮胎接地面积，准确至 $0.1\ cm^2$。

（4）检查弯沉仪百分表量测灵敏情况。

（5）当在沥青路面上测定时，用路表温度计测定试验时气温及路表温度（一天中气温不断变化，应随时测定），并通过气象台了解前 5 d 的平均气温（日最高气温与最低气温的平均值）。

（6）记录沥青路面修建或改建材料、结构、厚度、施工及养护等情况。

2. 测试步骤

（1）在测试路段布置测点，其距离随测试需要而定。测点应在路面行车车道的轮迹带上，并用白油漆或粉笔划上标记。

（2）将试验车后轮轮隙对准测点后约 3~5 cm 处的位置上。

（3）将弯沉仪插入汽车后轮之间的缝隙处，与汽车方向一致，梁臂不得碰到轮胎，弯沉仪测头置于测点上（轮隙中心前方 3~5 cm 处），并安装百分表于弯沉仪的测定杆上，百分表调零，用手指轻轻叩打弯沉仪，检查百分表应稳定回零。

弯沉仪可以是单侧测定，也可以是双侧同时测定。

（4）测定者吹哨发令指挥汽车缓缓前进，百分表随路面变形的增加而持续向前转动。当表针转动到最大值时，迅速读取初读数 L_1。汽车仍在继续前进，表针回转，待汽车驶出弯沉影响半径（约 3 m 以上）后，吹口哨或挥动指挥红旗，汽车停止。待表针回转稳定后，再次读取终读数 L_2。汽车前进的速度宜为 5 km/h 左右。

3. 弯沉仪的支点变形修正

（1）当采用长度为 3.6 m 的弯沉仪进行弯沉测定时，有可能引起弯沉仪支座处变形，在测定时应检验支点有无变形。如果有变形，此时应用另一台检测用的弯沉仪安装在测定用弯沉仪的后方，其测点架于测定用弯沉仪的支点旁。当汽车开出时，同时测定两台弯沉仪的弯沉读数，如检测弯沉仪百分表有读数，即应该记录并进行支点变形修正。当在同一结构上测定时，可在不同位置测定 5 次，求取平均值，以后每次测定时以此作为修正值。

（2）当采用长度为 5.4 m 的弯沉仪测定时，可不进行支点变形修正。

四、结果整理

（1）路面测点的回弹弯沉值按式（50.1）计算。

$$L_t = (L_1 - L_2) \times 2 \tag{50.1}$$

式中　L_t——在路面温度 t 时的回弹弯沉值，0.01 mm；
　　　L_1——车轮中心临近弯沉仪测头时百分表的最大读数，0.01 mm；
　　　L_2——汽车驶出弯沉影响半径后百分表的终读数，0.01 mm。

（2）当需进行弯沉仪支点变形修正时，路面测点回弹弯沉值按式（50.2）计算。

$$L_t = (L_1 - L_2) \times 2 + (L_3 - L_4) \times 6 \tag{50.2}$$

式中　L_1——车轮中心临近弯沉仪测头时测定用弯沉仪的最大读数，0.01 mm；
　　　L_2——汽车驶出弯沉影响半径后测定用弯沉仪的终读数，0.01 mm；
　　　L_3——车轮中心临近弯沉仪测头时检验用弯沉仪的最大读数，0.01 mm；
　　　L_4——汽车驶出弯沉影响半径后检验用弯沉仪的终读数，0.01 mm。

注：此式适用于测定弯沉仪支座处有变形，但百分表架处路面已无变形的情况。

（3）沥青面层厚度大于 5 cm 的沥青路面，回弹弯沉值应进行温度修正。温度修正及回弹弯沉的计算宜按下列步骤进行。

① 测定时的沥青层平均温度按式（50.3）计算。

$$t = \frac{t_{25} + t_m + t_e}{3} \tag{50.3}$$

式中　t——测定时沥青层平均温度，℃；
　　　t_{25}——根据 t_0 由图 50.1 确定的路表下 25 mm 处的温度，℃；
　　　t_m——根据 t_0 由图 50.1 确定的沥青层中间深度的温度，℃；
　　　t_e——根据 t_0 由图 50.1 确定的沥青层底面处的温度，℃。

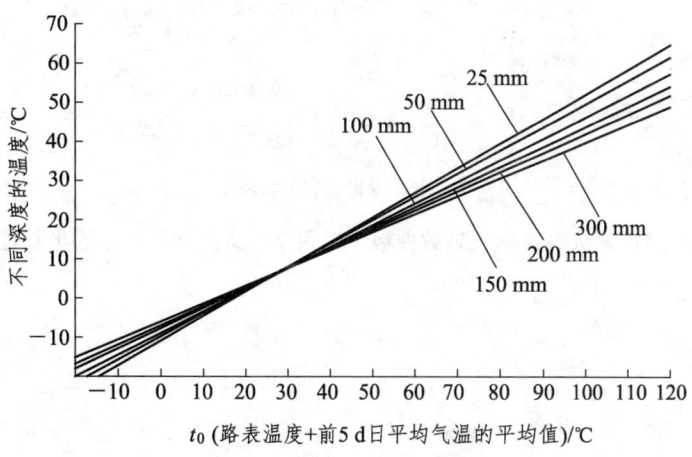

图 50.1　沥青层平均温度

t_0 为测定时路表温度与测定前 5 d 日平均气温的平均值之和（°C），日平均气温为日最高气温与最低气温的平均值。

② 根据沥青层平均温度 t 及沥青层厚度，由图 50.2 和图 50.3 求取不同基层的沥青路面弯沉值的温度修正系数 K。

③ 沥青路面回弹弯沉按式（50.4）计算

$$L_{20} = L_t \times K \qquad (50.4)$$

式中　K——温度修正系数；

　　　L_{20}——换算为 20 °C 的沥青路面回弹弯沉值，0.01 mm；

　　　L_t——测定时沥青面层的平均温度为 t 时的回弹弯沉值，0.01 mm。

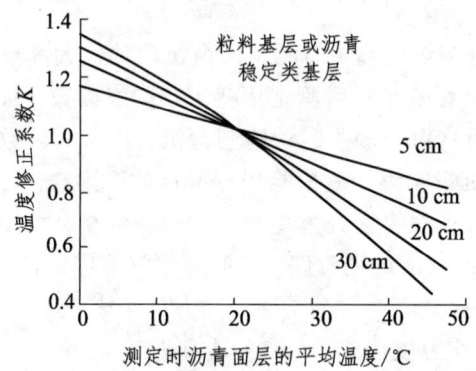

图 50.2　路面弯沉温度修正系数曲线（适用于粒料基层或沥青稳定类基层）

（4）试验结果记录于表 50.2。

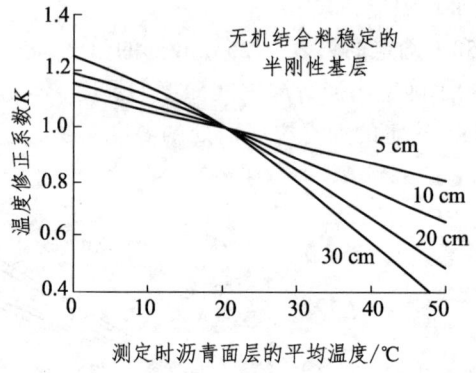

图 50.3　路面弯沉温度修正系数曲线（适用于无机结合料稳定的半刚性基层）

表 50.2 路基路面弯沉检测记录（贝克曼梁法）

工程部位/用途		委托/任务编号	
试验依据		样品编号	
试验条件		试验日期	
路面测试温度及温度修正系数		设备编号	
主要仪器设备及编号			

结构层次	编号	左侧百分表读数 /0.01 mm		路况描述	路面类型		弯沉设计值	
		初读数	末读数		测点桩号	回弹弯沉值 /0.01 mm	右侧百分表读数 /0.01 mm	路况描述	回弹弯沉值 /0.01 mm
							初读数	末读数		

实验报告

试验题目		成绩	
试验目的和意义			
主要试验步骤			

结论:

附 录

附录1　试验须知

　　试验是配合课堂教学的一个重要教学环节，同时也是培养学生掌握试验的基本技能和进行基本训练的一个主要手段，为了保证试验的顺利进行，必须注意下列事项：

　　1. 试验之前，希望同学们要预习试验指导书，了解本次试验的目的，原理和要求。

　　2. 严格按操作步骤认真操作，做到人人动手，详细记录。实验报告要求填写清晰，成果准确。

　　3. 爱护试验仪器，非本次试验用的仪器或虽是本次试验所用的仪器，但在老师没有讲解之前都不得随便乱动，以免损坏仪器。

　　4. 试验中不慎损坏仪器或丢失仪器中的附件，均应主动地告诉老师，按照有关规定处理。

　　5. 在试验室内不得抽烟，随便吐痰、乱抛纸屑和打闹。

　　6. 试验结束后，应将仪器擦洗干净并将室内地上、台上的材料清理干净；清除的材料放在指定处，不得倒入水池中，以免堵塞水道。

　　7. 试验完毕后，经指导教师检查允许后方可离开实验室。

附录2 公路工程试验检测标准、规范、规程现行参考目录

序号	标准、规范、规程代码	标准、规范、规程名称	施行日期	出版单位
1	JT/T 828—2012	公路试验检测数据报告编制导则及释义手册	2012-09-01	人民交通出版社
2	JTG B01—2003	公路工程技术标准	2004-03-01	人民交通出版社
3	JTG D62—2004	公路钢筋混凝土及预应力混凝土桥涵设计规范	2004-10-01	人民交通出版社
4	TB 10018—2003	铁路工程地质原位测试规程	2003-06-01	中国铁道出版社
5	CECS 04：1988	静力触探技术标准	1988	
6	GB 50204—2002	混凝土结构工程施工质量验收规范（2010年版）	2002-04-01	中国建筑工业出版社
7	JTG E42—2005	公路工程集料试验规程	2005-06-27	人民交通出版社
8	JTG E41—2005	公路工程岩石试验规程	2005-06-27	人民交通出版社
9	GB/T 14685—2011	建筑用卵石、碎石	2012-02-01	中国标准出版社
10	JTG/T F81-01—2004	公路工程基桩动测技术规程	2004	人民交通出版社
11	GB/T 14684—2011	建筑用砂	2012-02-01	中国标准出版社
12	JTG E51—2009	公路工程无机结合料稳定试验规程	2010-01-01	人民交通出版社
13	GB/T 50107—2010	混凝土强度检验评定标准	2010-01-01	中国计划出版社
14	JGJ/T 70—2009	建筑砂浆基本性能试验方法	2009	中国建筑工业出版社
15	GB/T 15481—2005	检测和校准试验室能力的通用要求	2005-06-01	中国标准出版社
16	JTG E30—2005	公路工程水泥及水泥混凝土试验规程	2005-08-01	人民交通出版社
17	GB/T 176—2008	水泥化学分析方法	2008	中国标准出版社
18	GB/T 8074—2008	水泥比表面积测定方法（勃氏法）	2008-08-01	中国标准出版社
19	GB/T 1345—2005	水泥细度测定方法（筛析法）	2005	中国标准出版社
20	GB/T 1346—2011	水泥标准稠度用水量、凝结时间、安定性检验方法	2012-03-01	中国标准出版社

附 录

续上表

序号	标准、规范、规程代码	标准、规范、规程名称	施行日期	出版单位
21	GB/T 2419—2005	水泥胶砂流动度测定方法	2005	中国标准出版社
22	GB/T 17671—1999	水泥胶砂强度检验方法（ISO法）	1999	中国标准出版社
23	GB 175—2007	通用硅酸盐水泥	2007	中国标准出版社
24	GB 13693—2005	道路硅酸盐水泥	2005	中国标准出版社
25	GB/T 2651—2008	焊接接头拉伸试验方法	2008-09-01	中国标准出版社
26	JT/T 523—2004	公路工程混凝土外加剂	2004	人民交通出版社
27	GB/T 50080—2002	普通混凝土拌和物性能试验方法标准	2002	中国建筑工业出版社
28	GB/T 50081—2002	普通混凝土力学性能试验方法标准	2003	中国建筑工业出版社
29	JGJ 55—2011 J64—2011	普通混凝土配合比设计规程	2011-12-01	中国建筑工业出版社
30	GB/T 228-1—2010	金属材料拉伸试验第1部分：室温试验方法	2010	中国建筑工业出版社
31	GB/T 232—2010	金属材料弯曲试验方法	2010	中国标准出版社
32	JGJ/T 98—2010 J65—2010	砌筑砂浆配合比设计规程	2011-08-01	中国建筑工业出版社
33	CECS 02：2005	超声回弹综合法检测混凝土强度技术规程	2005	中国建筑工业出版社
34	JGJ/T 23—2011 J115—2011	回弹法检测混凝土抗压强度技术规程	2011-12-01	中国建筑工业出版社
35	CECS 21：2000	超声法检测混凝土缺陷技术规程	2000	中国建筑工业出版社
36	GB 13788—2008	冷轧带肋钢筋	2008	中国标准出版社
37	GB 8077—2000	混凝土外加剂匀质性试验方法	2000	中国标准出版社
38	JTJ 056—84	公路工程水质分析操作规程	1984	人民交通出版社
39	JC/T 986—2005	水泥基灌浆材料	2005	中国建材工业出版社
40	JTG E20—2011	公路工程沥青及沥青混合料试验规程	2011-12-01	人民交通出版社
41	GB/T 15180—2010	重交通道路石油沥青	2010	中国标准出版社
42	JT/T 203—95	公路水泥混凝土路面接缝材料	1995	中国建筑工业出版社

续上表

序号	标准、规范、规程代码	标准、规范、规程名称	施行日期	出版单位
43	SHC F40-01—2002	公路沥青玛蹄脂碎石路面技术指南	2002-07-24	人民交通出版社
44	JTG E51—2009	公路工程无机结合料稳定材料试验规程	2010-01-01	人民交通出版社
45	GB/T 231-1—2009	金属材料布氏硬度试验第1部分：试验方法	2009	中国标准出版社
46	JGJ/T 27—2001 J140—2001	钢筋焊接接头试验方法标准	2001	中国建筑工业出版社
47	GB/T 701—2008	低碳钢热轧圆盘条	2008	中国标准出版社
48	GB 1499-1—2008	钢筋混凝土用钢 第1部分：热轧光圆钢筋	2008	中国标准出版社
49	GB 1499-2—2007/XG1—2009	钢筋混凝土用钢 第2部分：热轧带肋钢筋	2009	中国标准出版社
50	GB/T 1499-3—2010	钢筋混凝土用钢 第3部分：钢筋焊接网	2011-09-01	中国标准出版社
51	GB 13788—2008	冷轧带肋钢筋	2008	中国标准出版社
52	GB/T 5223—2002	预应力混凝土用钢丝	2002	中国标准出版社
53	GB/T 5224—2003	预应力混凝土用钢绞线	2003	中国标准出版社
54	GB/T 20065—2006	预应力混凝土用螺纹钢筋	2006	中国标准出版社
55	JTG F 80/1—2004	公路工程质量检验评定标准 第一册（土建工程）	2005-01-01	人民交通出版社
56	JTG F 80/2—2004	公路工程质量检验评定标准 第二册（机电工程）	2005-01-01	人民交通出版社
57	GB/T 228-1—2010	金属材料拉伸试验第1部分：室温拉伸试验方法	2011-06-01	中国标准出版社
58	GB/T 232—2010	金属材料弯曲试验方法	2011-06-01	中国标准出版社

附录3 工程材料技术指标

附表3.1 生石灰的技术指标

项目	钙质石灰			镁质石灰		
	一等	二等	三等	一等	二等	三等
有效钙加氧化镁含量不小于/%	85	80	70	80	75	65
未消化残渣含量（5 mm圆孔筛余）不大于/%	7	11	17	16	14	20

附表3.2 消石灰粉的技术指标

项目		钙质石灰			镁质石灰		
		一等	二等	三等	一等	二等	三等
有效钙加氧化镁含量不小于/%		65	60	55	60	55	50
含水率不大于/%		4	4	4	4	4	4
细度	0.71 mm方孔筛余不大于/%	0	1	1	0	1	1
	0.125 mm方孔累计筛余不大于/%	13	20	—	13	20	—

附表3.3 碎石或卵石中不良颗粒及有害杂质的规定

项目	≥C30	<C30	≤C10
针片状颗粒含量/%	15	25	40
含泥量/%	1	2	适当放宽
泥块含量/%	0.5	0.7	1
硫化物和硫酸盐含量/%	1		
卵石中有机物含量	颜色不宜深于标准色，否则以混凝土进行强度对比试验复核		

注：① 对有抗冻、抗渗要求的混凝土，所用碎石、卵石的含泥量不大于1%；
② 如含泥基本上是非黏土质的石粉时，其总含量可由1%及2%分别提高到1.5%和3%；
③ 含有颗粒状硫化物和硫酸盐时，要经专门检验，确认能满足混凝土耐久性要求时，方能使用。

附表3.4 石子的颗粒强度

	火成岩	变质岩	水成岩
水饱和极限抗压强度/MPa	80	60	60

注：石子的颗粒强度与所采用的混凝土标号之比，不应小于1.5%。

附表 3.5　石子的压碎指标值

岩石品种		混凝土强度等级	压碎指标值/%
碎石	火成岩	C55～C40	≤10
		≤C35	≤16
	变质岩或深成的火成岩	C55～C40	≤12
		≤C35	≤20
	水成岩	C55～C40	≤13
		≤C35	≤30
卵石		C55～C40	≤12
		≤C35	≤16

附表 3.6　砂中泥污、有害物质含量的规定

项　目	≥C30	<C30	注
含泥量≤/%	3	5	有抗冻、抗渗或其他特殊要求的混凝土用砂不宜>3%；对≤C10的混凝土用砂可放宽
云母含量≤/%	2		有抗冻、抗渗要求的混凝土用砂不宜>1%
轻物质含量≤/%	1		—
硫化物和硫酸盐含量≤/%	1		含有颗粒状者，要经专门检验，确认能满足混凝土耐久性要求时，方能使用
有机物含量	颜色不宜深于标准色		如果深于标准色，则应配成砂浆进行强度复核
泥块含量≤/%	1	2	对≤C10的混凝土用砂可放宽

附表 3.7　钢筋混凝土用热轧钢筋力学性能指标

牌　号	公称直径/mm	σ_s/MPa	σ_b/MPa	δ/%	180°冷弯
HRB335	6～25	≥335	≥490	≥16	$d=3a$
	28～50				$d=4a$
HRB400	6～25	≥400	≥570	≥14	$d=4a$
	28～50				$d=5a$
HRB500	6～25	≥500	≥630	≥12	$d=6a$
	28～50				$d=7a$

注：① d—弯芯直径，a—钢筋公称直径。
　　② R235 为热轧光圆钢筋；Q235 为低碳钢热轧盘圆条。

附表3.8 水泥技术指标

品 种	氧化镁/%	三氧化硫/%	细度	初凝时间	终凝时间	安定性
硅酸盐水泥	≤5% 经压蒸安定性试验合格,可放宽到6	≤3.5	比表面积大于 300 m²/kg	不得早于 45 min	不得迟于 390 min	用沸煮法检验必须合格
普通水泥						
矿渣水泥			80 μm 方孔筛余 ≤10%		不得迟于 10 h	
火山灰水泥						
粉煤灰水泥						
复合水泥						
白水泥	≤4.5				不得迟于 12 h	

附表3.9 水泥的强度等级

品 种	强度等级	抗压强度/MPa		抗折强度/MPa	
		3 d	28 d	3 d	28 d
P.I P.II P.O	42.5	17.0	42.5	3.5	6.5
	42.5R	22.0	42.5	4.0	6.5
	52.5	23.0	52.5	4.0	7.0
	52.5R	27.0	52.5	5.0	7.0
	62.5	28.0	62.5	5.0	8.0
	62.5R	32.0	62.5	5.5	8.0
P.C	32.5	11.0	32.5	2.5	5.5
	32.5R	16.0	32.5	3.5	5.5
	42.5	16.0	42.5	3.5	6.5
	42.5R	21.0	42.5	4.0	6.5
	52.5	22.0	52.5	4.0	7.0
	52.5R	26.0	52.5	5.0	7.0
P.S P.P P.F	32.5	10.0	32.5	2.5	5.5
	32.5R	15.0	32.5	3.5	5.5
	42.5	15.0	42.5	3.5	6.5
	42.5R	19.0	42.5	4.0	6.5
	52.5	21.0	52.5	4.0	7.0
	52.5R	23.0	52.5	4.5	7.0